# DISCOURS DU ROI.

MESSIEURS, ce jour que mon cœur attendoit depuis long-temps, est enfin arrivé; & je me vois entouré des représentants de la nation, à laquelle je fais gloire de commander.

Un long intervalle s'étoit écoulé depuis les dernieres tenues des états-généraux; &, quoique la convocation de ces assemblées parût être tombée en désuétude, je n'ai pas balancé à rétablir un usage dont le royaume peut tirer une nouvelle force, & qui peut ouvrir à la nation une nouvelle source de bonheur.

La dette de l'état, déjà immense à mon avénement au trône, s'est encore accrue sous mon regne: une guerre dispendieuse, mais honorable, en a été la cause. L'augmentation des impôts en a été la suite nécessaire, & a rendu plus sensible leur inégale répartition.

Une inquiétude générale, un desir exagéré d'innovations se sont emparés des esprits, & finiroient par égarer totalement les opinions, si l'on ne se hâtoit de les fixer par une réunion d'avis sages & modérés.

C'est dans cette confiance, Messieurs, que je vous ai rassemblés; & je vois, avec sensibilité, qu'elle a déjà été justifiée par les dispositions que

les deux premiers ordres ont montrées à renoncer à leurs privileges pécuniaires. L'espérance que j'ai conçue de voir tous les ordres, réunis de sentiments, concourir, avec moi, au bien général de l'état, ne sera point trompée.

J'ai déjà ordonné, dans les dépenses, des retranchements considérables. Vous me présenterez encore, à cet égard, des idées que je recevrai avec empressement; mais, malgré la ressource que peut offrir l'économie la plus sévere, je crains, Messieurs, de ne pouvoir pas soulager mes sujets aussi promptement que je le desirerois. Je ferai mettre sous vos yeux la situation exacte des finances; & quand vous l'aurez examinée, je suis assuré d'avance, que vous me proposerez les moyens les plus efficaces pour y établir un ordre permanent, & affermir le crédit public. Ce grand & salutaire ouvrage, qui assurera le bonheur du royaume au-dedans, & sa considération au-dehors, vous occupera essentiellement.

Les esprits sont dans l'agitation; mais une assemblée des représentants de la nation n'écoutera, sans doute que les conseils de la sagesse & de la prudence. Vous aurez jugé vous-mêmes, Messieurs, qu'on s'en est écarté dans plusieurs occasions récentes; mais l'esprit dominant de vos délibérations répondra aux véritables sentiments d'une nation généreuse, & dont l'amour pour ses rois a toujours fait le caractere distinctif. J'éloignerai tout autre souvenir.

Je connois l'autorité & la puissance d'un roi juste, au milieu d'un peuple fidele & attaché de tout temps aux principes de la monarchie.

Ils ont fait la gloire & l'éclat de la France. Je dois en être le ſoutien, & je le ſerai conſtamment.

Mais tout ce qu'on peut attendre du plus tendre intérêt au bonheur public; tout ce qu'on peut demander à un ſouverain, le premier ami de ſes peuples, vous pouvez, vous devez l'eſpérer de mes ſentiments.

Puiſſe, Meſſieurs, un heureux accord régner dans cette aſſemblée, & cette époque devenir à jamais mémorable pour le bonheur & la proſpérité du Royaume! C'eſt le ſouhait de mon cœur; c'eſt le plus ardent de mes vœux; c'eſt, enfin, le prix que j'attends de la droiture de mes intentions & de mon amour pour mes peuples.

Mon garde des ſceaux va vous expliquer plus amplement mes intentions, & j'ai ordonné au directeur général des finances de vous en expoſer l'état.

# DISCOURS DE M. LE GARDE DES SCEAUX.

MESSIEURS, il est enfin arrivé ce beau jour si long-temps attendu, qui met un terme heureux à l'impatience du roi & de toute la France ! Ce jour tant desiré va resserrer encore les nœuds de l'union entre le monarque & ses sujets ; c'est dans ce jour solemnel que S. M. veut établir la félicité générale sur cette base sacrée, la liberté publique.

L'ambition, ou plutôt le tourment des rois oppresseurs, est de régner sans entraves ; de franchir les bornes de toute puissance légitime ; de sacrifier les douceurs du gouvernement paternel aux fausses jouissances d'une domination illimitée ; d'ériger en loi les caprices effrénés du pouvoir arbitraire : tels ont été ces despotes, dont la tyrannie fournira toujours à l'histoire des contrastes frappants avec la bonté de Louis XII, la clémence de Henri IV, & la bienfaisance de Louis XVI.

Vous le savez, Messieurs, le premier besoin de S. M. est de répandre des bienfaits ; mais, pour être une vertu royale, cette passion de faire des heureux doit prendre un caractere public & embrasser l'universalité de ses sujets. Des grâces versées sur un petit nombre de courtisans & de favoris, quoique méritées, ne satisferoient pas la grande ame du roi.

Depuis l'époque heureuse où le ciel vous l'a donné pour maître, que n'a-t-il point entrepris, que n'a-t-il point exécuté pour la gloire & la prospérité de cet empire, dont le bonheur reposera toujours sur la vertu de ses souverains ?

C'est la ressource des nations dans les temps les plus difficiles ; & cette ressource ne peut manquer à la France sous le monarque-citoyen qui la gouverne.

N'en doutez pas, Messieurs, il consommera le grand ouvrage de la félicité publique. Depuis long-temps ce projet étoit formé dans son cœur paternel ; il en poursuivra l'exécution avec cette constance qui trop souvent n'est réservée qu'aux princes insatiables de pouvoir & de la vaine gloire des conquêtes.

Qu'on se retrace tout ce qu'a fait le roi depuis son avénement au trône, & l'on trouvera, dans cet eſpace aſſez court, une longue ſuite d'actions mémorables : la liberté des mers & celle de l'Amérique, aſſurées par le triomphe des armes, & que l'humanité réclamoit ; la queſtion préparatoire proſcrite & abolie, parce que les forces phyſiques d'un accuſé ne peuvent être une meſure infaillible de l'innocence ou du crime ; les reſtes d'un ancien eſclavage détruits, toutes les traces de la ſervitude effacées, & l'homme rendu à ce droit ſacré de la nature que la loi n'avoit pu lui ravir, de ſuccéder à ſon pere, & de jouir en paix du fruit de ſon travail ; le commerce & les manufactures protégés, la marine régénérée, le port de Cherbourg créé, celui de Dunkerque rétabli, & la France ainſi délivrée de cette dépendance où des guerres malheureuſes l'avoient réduite.

Vos cœurs ſe ſont attendris, Meſſieurs, au récit de la ſage économie de S. M., & des ſacrifices généreux dont elle a donné tant d'exemples récents, en ſupprimant, pour ſoulager ſon peuple, des dépenſes que ſes ancêtres avoient toujours cru néceſſaires à l'éclat & à la dignité du premier trône de l'univers.

Quelle jouiſſance vos ames doivent éprouver en la préſence d'un roi juſte & vertueux ! Nos aïeux ont regretté, ſans doute, de n'avoir pu contempler Henri IV au milieu de la nation aſſemblée. Les ſujets de Louis XII avoient été plus heureux ; & ce fut dans cette réunion ſolemnelle qu'il reçut le titre de *pere du peuple*. C'eſt le plus cher, c'eſt le premier des titres pour les bons rois, s'il n'en reſtoit un à décerner au fondateur de la liberté publique.

Si les états-généraux ne furent point aſſemblés ſous Henri IV, ne l'attribuez qu'aux juſtes craintes que les diſcordes civiles devoient inſpirer à un prince qui plaçoit avant tout la paix & le bonheur de ſes peuples. Il voulut ſuppléer à cette convocation générale par une aſſemblée de notables ; il y demanda des ſubſides extraordinaires, & ſembla lui tranſmettre ainſi les droits des véritables repréſentants de la nation.

Dans une poſition moins difficile, le roi n'appela autour de lui l'élite des citoyens, ou du moins une portion de cette élite, que pour préparer, avec eux, le bienfait qu'il deſtinoit à la France.

Une premiere aſſemblée de notables n'avoit eu d'autre motif que de ſoumettre à leurs lumieres un plan vaſte de finance & d'économie, & de les conſulter ſur l'établiſſement patriotique des administrations provinciales ; établissement qui signalera ce regne, puisqu'il a pour objet que l'impôt soit désormais mieux réparti, les charges plus également supportées, l'arbitraire banni, les besoins des villes & des provinces mieux connus.

Cependant le long espace écoulé depuis les derniers états-généraux, les troubles auxquels ils furent livrés, les discussions si souvent frivoles qui les prolongerent, éveilloient la sagesse royale, & l'avertissoient de se prémunir contre de tels inconvénients.

En songeant à vous réunir, Messieurs, elle a dû se tracer un plan combiné qui ne pouvoit admettre cette précipitation *tumultueuse*, dont l'impatience irréfléchie ne prévoit pas tout le danger. Elle a dû faire entrer dans ce plan les mesures anticipées qui préparent le calme des décisions, & ces formes antiques qui les rendent légales.

Le vœu national ne se manifestoit point encore; S. M. l'avoit prévenu dans sa sagesse. A peine ce vœu a-t-il éclaté, qu'elle s'empresse de le remplir ; & les lenteurs que la prudence lui suggere, ne sont plus que des précautions de sa bienfaisance toujours active, mais toujours prévoyante, sur les véritables intérêts de ses peuples.

Le roi a desiré connoître séparément leurs besoins & leurs droits. Les municipalités, les bailliages, les hommes instruits dans tous les états, ont été invités à concourir par leurs lumieres au grand ouvrage de la restauration projetée. Les archives des villes & celles des tribunaux, tous les monuments de l'histoire, étudiés, approfondis & mieux développés, leur ont ouvert des trésors d'instructions : de grandes questions se sont élevées ; des intérêts opposés, toujours mal entendus quand ils se combattent en de pareilles circonstances, ont été discutés, débattus, mis dans un jour plus ou moins favorable : mais enfin un cri presque général s'est fait entendre, pour solliciter une double représentation en faveur du plus nombreux des trois ordres, de celui sur lequel pese principalement le fardeau de l'impôt.

En déférant à cette demande, S. M., Messieurs, n'a point changé la forme des anciennes délibérations ; & quoique celle par têtes, en ne produisant qu'un seul résultat, paroisse avoir l'avantage de faire mieux connoître le desir général, le roi a voulu que cette nouvelle forme ne puisse s'opérer que du consentement libre des états-généraux, & avec l'approbation de S. M.

Mais, quelle que doive être la maniere de prononcer sur

cette question, quelles que soient les distinctions à faire entre les différents objets qui deviendront la matiere des délibérations, on ne doit pas douter que l'accord le plus parfait ne réunisse les trois ordres relativement à l'impôt. Puisque l'impôt est une dette commune des citoyens, une espece de dédommagement & le prix des avantages que la société leur procure, il est juste que la noblesse & le clergé en partagent le fardeau. Pénétrés de cette vérité, on les a vus presque dans tous les bailliages, donner, avec empressement, un témoignage honorable de désintéressement & de patriotisme; & il leur tarde de se voir réunis par ordres, pour que ces délibérations, qui jusqu'ici n'ont pu être que partielles, acquierent ce degré de généralité qui, en les consolidant, fixera leur stabilité.

Si des privileges constants & respectés semblerent autrefois soustraire les deux premiers ordres de l'état à la loi générale, leurs exemptions, du moins pendant long-temps, ont été plus apparentes que réelles.

Dans des siecles où les églises n'étoient point dotées, où l'on ne connoissoit encore ni les hôpitaux, ni ces autres asiles nombreux, élevés par la piété & la charité des fideles, où les ministres des autels, simples distributeurs des aumônes, étoient solidairement chargés de la subsistance des veuves, des orphelins, des indigents, les contributions du clergé furent acquittées par ces soins religieux, & il y auroit eu une sorte d'injustice à en exiger des redevances pécuniaires.

Tant que le service de l'arriere-ban a duré; tant que les possesseurs des fiefs ont été contraints de se transporter, à grands frais, d'une extrémité du royaume à l'autre, avec leurs armes, leurs hommes, leurs chevaux, leurs équipages de guerre; de supporter des pertes souvent ruineuses; & quand le sort des combats avoit mis leur liberté à la merci d'un vainqueur avare, de payer une rançon toujours mesurée sur son insatiable avidité; n'étoit-ce donc pas une maniere de partager l'impôt? ou plutôt n'étoit-ce pas un impôt réel que ce service militaire, que l'on a même vu plusieurs fois concourir avec des contributions volontaires?

Aujourd'hui que l'église a des richesses considérables, que la noblesse obtient des récompenses honorifiques & pécuniaires, les possessions de ces deux ordres doivent subir la loi commune. Nous aimons à le répéter: leur acquiescement à cette loi eut, dans sa premiere forme, toute la vivacité de l'émulation, & prit tous les caracteres de la loyauté, de la justice & du patriotisme.

L'impôt, Messieurs, n'occupera pas seul vos délibérations ; mais, pour ne point anticiper sur les objets de discussion qui partageront les moments consacrés à vos assemblées, il me suffira de vous dire que vous n'imaginerez pas un projet utile, que vous n'aurez pas une idée tendante au bonheur général, que S. M. n'ait déjà conçus, ou dont Elle ne desire fermement l'exécution.

Depuis que les états-généraux sont déterminés, le Roi n'a jamais pensé sans attendrissement à cette réunion d'un bon pere & de ses enfants chéris, qui deviendra le gage de la félicité commune.

Au nombre des objets qui doivent principalement fixer votre attention, & qui déjà avoient mérité celle de S. M., sont les mesures à prendre sur la liberté de la presse ; les précautions à adopter pour maintenir la sûreté publique, & conserver l'honneur des familles ; les changements utiles que peut exiger la législation criminelle, pour mieux proportionner les peines aux délits, & trouver dans la honte du coupable un frein plus sûr, plus décisif que le châtiment. Des magistrats, dignes de la confiance du Monarque & de la nation, étudient les moyens d'opérer cette grande réforme ; l'importance de l'objet est l'unique mesure de leur zele & de leur activité.

Leurs travaux doivent embrasser aussi la procédure civile qu'il faut simplifier. En effet, il importe à la société entiere de rendre l'administration de la justice plus facile, d'en corriger les abus, d'en restreindre les frais, de tarir surtout la source de ces discussions interminables qui trop souvent ruinent les familles, éternisent les procès, & font dépendre le sort des plaideurs du plus ou moins d'astuce, d'éloquence & de subtilité de leurs défenseurs ou de leurs adversaires. Il n'importe pas moins au public de mettre les justiciables à portée d'obtenir un prompt jugement ; mais tous les efforts du génie & toutes les lumieres de la science ne feroient qu'ébaucher cette heureuse révolution, si l'on ne surveilloit avec le plus grand soin l'éducation de la jeunesse. Une attention exacte sur les études, l'exécution des réglemens anciens, & les modifications nécessaires dont ils sont susceptibles, peuvent seules former des hommes vertueux, des hommes précieux à l'état, des hommes faits pour rappeler les mœurs à leur ancienne pureté, des citoyens en un mot capables d'inspirer la confiance dans toutes les places que la providence leur destine

tine. S. M. recevra avec intérêt, elle examinera avec l'attention la plus sérieuse tout ce qui pourra concerner la tranquillité intérieure du royaume, la gloire du Monarque & le bonheur des sujets.

Jamais la bonté du Roi ne s'est démentie dans ces moments d'exaltation où une effervescence qu'il pouvoit réprimer, a produit dans quelques provinces des prétentions ou des réclamations exagérées. Il a tout écouté avec bienveillance; les demandes justes ont été accordées; il ne s'est point arrêté aux murmures indiscrets, il a daigné les couvrir de son indulgence; il a pardonné jusqu'à l'expression de ces maximes fausses & outrées, à la faveur desquelles on voudroit substituer des chimeres pernicieuses aux principes inaltérables de la monarchie.

Vous rejetterez, Messieurs, avec indignation ces innovations dangereuses que les ennemis du bien public voudroient confondre avec les changements heureux & nécessaires qui doivent amener cette régénération, le premier vœu de S. M.

L'histoire ne vous a que trop instruits des malheurs qui ont affligé le royaume dans les temps d'insubordination & de soulevement contre l'autorité légitime. Elle n'est pas moins fidelle à vous transmettre, dans ses fastes, les prospérités de vos peres sous un gouvernement paisible & respecté. Si la France est une des plus anciennes monarchies de l'univers, la seule, après quatorze siecles, dont la constitution n'ait pas éprouvé les revers qui ont déchiré & changé la face de presque tous les empires formés, comme elle, des débris de l'empire Romain, c'est dans l'union & l'amour mutuel du monarque & des sujets qu'il faut chercher la principale cause de tant de vie, de force & de grandeur.

La troisieme race de nos rois a sur-tout des titres à la reconnoissance de tout bon François. Ce fut elle qui affermit l'ordre de la succession à la couronne; elle abolit toute distinction humiliante entre ces représentants, si fiers & si barbares, des premiers conquérants des Gaules, & l'humble postérité des vaincus qu'on tint si long-temps & si honteusement asservie. Par elle, la hiérarchie des tribunaux fut créée; ordre salutaire qui rend par-tout le souverain présent: tous les habitants des cités furent appelés à leur administration; la liberté de tous les citoyens fut consacrée, & le peuple reprit les droits imprescriptibles de la nature.

Mais si les intérêts de la nation se confondent essentiellement avec ceux du monarque, n'en seroit-il pas de même des intérêts de chaque classe de citoyens en particulier ? & pourquoi voudroit-on établir entre les différents membres d'une société politique, au lieu d'un rang qui les distingue, des barrieres qui les séparent ?

Le vice & l'inutilité méritent seuls le mépris des hommes; & toutes les professions utiles sont honorables, soit qu'on remplisse les fonctions sacrées du ministere des autels; soit qu'on se voue à la défense de la patrie, dans la carriere périlleuse des combats & de la gloire; soit que, vengeur des crimes & protecteur de l'innocence, on pese la destinée des bons & des méchants dans les balances redoutables de la justice; soit que par des écrits, fruits du talent qu'enflamme l'amour véritable de la patrie, on hâte les progrès des connoissances, qu'on procure à son siecle, & qu'on transmette à la postérité plus de lumiere, de sagesse & de bonheur; soit qu'on soumette à son crédit & aux spéculations d'un génie actif, prévoyant & calculateur, les richesses & l'industrie des divers peuples de la terre; soit qu'exerçant cette profession mise enfin à sa place dans l'opinion des vrais sages, on féconde les champs par la culture, ce premier des arts auquel tient l'existence de l'espece humaine. Tous les citoyens du royaume, quelle que soit leur condition, ne sont-ils pas les membres d'une même famille ?

Si l'amour de l'ordre & la nécessité assignerent des rangs qu'il est indispensable de maintenir dans une monarchie, l'estime & la reconnoissance n'admettent pas ces distinctions, & ne séparent point des professions que la nature réunit par les besoins mutuels des hommes.

Loin de briser les liens qu'a mis entre nous la société, il faudroit, s'il étoit possible, nous en donner de nouveaux, ou du moins resserrer plus étroitement ceux qui devroient nous unir. Un grand Général disoit, en parlant des Gaulois, qu'ils seroient le premier peuple de l'univers, si la concorde régnoit parmi eux. Ces paroles de César peuvent s'appliquer au moment actuel. Que les querelles s'appaisent, que les inimitiés s'éteignent, que les haines s'anéantissent, que le desir du bonheur commun les remplace, & nous serons encore le premier peuple du monde.

Ne perdez jamais de vue, Messieurs, que la discorde renverse les empires, & que la concorde les soutient. La rivalité entre les citoyens fut la source de tous les maux qui ont affligé les nations les plus célebres. Les guerres intestines des Romains furent le germe de l'ambition de leurs oppresseurs, & commencerent la décadence de la patrie, dont la ruine fut bientôt consommée. Sans les troubles qui la déchirerent, la Grece auroit vu se perpétuer long-temps sa puissance & sa gloire. Si la France a couru des dangers, si elle fut quelquefois malheureuse, foible & languissante, c'est quand elle devint le foyer ou le théâtre de ces tristes rivalités. Couvertes du voile toujours imposant de la religion, elles jeterent ces longues semences de haine, dont le regne entier de Henri IV put à peine étouffer les restes, mais sans en réparer tous les désastres. La concorde rassemble tous les biens autour d'elle; tous les maux sont à la suite de la discorde. Ne sacrifions pas, Messieurs, à des prestiges funestes les avantages que nous avons reçus de la nature. Eh! quel peuple en obtint plus de bienfaits? Deux mers baignent une partie de nos provinces, & en nous assurant ainsi la situation la plus heureuse pour le commerce, semblent nous avoir destinés à commander sur l'océan & sur la méditerranée.

Toutes les productions de la terre croissent ou peuvent croître au sein de la France; & la culture plus perfectionnée nous apprend encore à féconder, par de nouveaux moyens, ses terrains les moins fertiles.

L'activité, les prodiges des arts & du talent, des chef-d'œuvres de tous les genres, la perfection des sciences & des lettres, la gloire de tant d'hommes célebres dans l'église, dans la magistrature & dans les armées, tout se réunit pour lui garantir une prospérité immuable & la premiere place dans les annales du monde.

Encore une fois, Messieurs, ne perdons pas en un moment, par de cruelles dissentions, les fruits précieux que tant de siecles nous ont acquis, & dont nous sommes redevables aux efforts & à l'amour paternel de nos souverains. Ah! s'il pouvoit rester des traces de division dans vos cœurs, s'il y germoit encore des semences mal étouffées de cette rivalité malheureuse, dont les différents ordres de l'état furent tourmentés, que tout s'anéantisse & s'efface en présence de votre roi, dans ce lieu auguste qu'on peut appeler le temple de la patrie.

Représentants de la nation! jurez tous aux pieds du trône, entre les mains de votre souverain, que l'amour du bien public échauffera seul vos ames patriotiques; abjurez solemnellement, déposez ces haines si vives, qui, depuis plusieurs mois ont alarmé la France & menacé la tranquillité publique. Que l'ambition de subjuguer les opinions & les sentiments par les élans d'une éloquence impérieuse, ne vous entraîne pas au-delà des bornes que doit poser l'amour sacré du roi

& de la nation. Hommes de tous les âges! citoyens de tous les ordres! unissez vos esprits & vos cœurs, & qu'un engagement solemnel vous lie de tous les nœuds de la fraternité. Enfants de la patrie que vous représentez! écartez loin de vous toute affection, toute maxime étrangere aux intérêts de cette mere commune; que la paix, l'union & l'amour du bien public président à toutes vos délibérations. Mais si quelque nuage venoit altérer le calme de vos séances, s'il étoit possible que la discorde y soufflât ses poisons, c'est à vous, ministres des autels, qu'il appartient de conjurer l'orage: vos fonctions saintes, vos titres sacrés, vos vertus & vos lumieres impriment dans les cœurs ce respect religieux d'où naît l'ascendant qui maîtrise & dirige les passions humaines. Eh! comment refuser aux interprêtes d'une religion pure & sublime, cette vénération, ces hommages, cet empire moral que des hommes enveloppés de ténebres & livrés à d'extravagantes superstitions, ont toujours accordés aux ministres de leurs fausses divinités? C'est donc sur vous que la nation se repose en particulier du soin de ramener la paix dans cette assemblée, s'il étoit possible qu'elle s'en bannît un instant. Mais pourquoi m'occuper du retour de la concorde, quand vous en donnerez des exemples que les deux ordres s'empresseront d'imiter? En effet, quelle sorte de dévouement & quel concours patriotique ne doir-on pas attendre de ces braves & généreux successeurs de nos anciens chevaliers, qui, prodigues envers la France de leur fortune, de leur sang & de leur vie, n'hésiterent jamais sur un sacrifice que l'utilité publique avoit prescrit ou consacré? Vous suivrez aussi ces grands exemples de désintéressement, de soumission & d'attachement à la patrie, hommes sages & laborieux, dont les travaux nourrissent, vivifient, instruisent, consolent, enrichissent la société. Tous les titres vont se confondre dans le titre de citoyen; & on ne connoîtra plus désormais qu'un sentiment, qu'un desir, celui de fonder sur des bases certaines & immuables le bonheur commun d'une nation fidelle & d'un monarque si digne de vos respects & de votre amour.

MESSIEURS, l'intention du roi est que vous vous assembliez dès demain, à l'effet de procéder à la vérification de vos pouvoirs, & de la terminer le plus promptement qu'il vous sera possible, afin de vous occuper des objets importants que S. M. vous a indiqués.

# DISCOURS DE M. LE DIRECTEUR GÉNÉRAL DES FINANCES.

MESSIEURS, lorſqu'on eſt appelé à ſe préſenter & à ſe faire entendre au milieu d'une aſſemblée ſi auguſte & ſi impoſante, une timide émotion, une juſte défiance de ſes forces, ſont les premiers ſentiments qu'on éprouve, & l'on ne peut être raſſuré qu'en ſe livrant à l'eſpoir d'obtenir un peu d'indulgence, & de mériter au moins l'intérêt que l'on ne ſauroit refuſer à des intentions ſans reproches. Peut-être encore a-t-on beſoin d'être ſoutenu par la grandeur de la circonſtance, & par l'aſcendant d'un ſujet qui, en attirant toutes nos penſées, en s'emparant de nous en entier, ne nous laiſſe pas le temps de nous replier ſur nous-mêmes, & ne nous permet pas d'examiner s'il y a quelque proportion entre notre tâche & nos facultés.

Quel jour, Meſſieurs, que celui-ci ! quelle époque à jamais mémorable pour la France ! Les voilà donc après un ſi long terme, les voilà rappelés autour du trône ces députés d'une nation célebre à tant de titres, d'une nation qui a rempli l'univers de ſa renommée, & qui peut en appeler au témoignage incorruptible de l'hiſtoire, ſoit pour atteſter ſes hauts faits & ſa valeur guerriere, ſoit pour ſe retracer à elle-même le tableau de ſes progrès & de ſes triomphes, dans tous les genres de gloire & de rivalité ! Elle a parcouru les diverſes routes qui ſont ouvertes aux talents & au génie ; elle s'eſt fait remarquer avec éclat dans toutes les carrieres : les ans qui ſe ſont écoulés, ſervent preſque à compter ſes ſuccès, & ſes regards ne peuvent ſe tourner en arriere, ſans y contempler quelques monuments de ſes grandes deſtinées. Découvertes majeſtueuſes dans les ſciences, brillant éclat dans les lettres, ingénieuſes inventions dans les arts, hardies entrepriſes dans le commerce ; elle a tout fait, elle a tout obtenu, & ſouvent ſans autre ſecours que ſes propres efforts, ſouvent ſans autre appui que les dons d'une heureuſe nature. Oui, les pénibles recherches d'une attention laborieuſe & les apperçus rapides du génie, la profondeur de la raiſon & les embelliſſements de l'éloquence, les talents utiles & la perfection du goût ; elle a tout su réunir, cette noble & magnifique nation, dont vous êtes aujourd'hui, Messieurs, les dignes représentants.

Que lui falloit-il donc encore pour son bonheur & pour sa gloire ? reussir dans le plus beau de tous les desseins, avancer, terminer, s'il est possible, la plus grande & la plus importante de toutes les entreprises, celle que vous êtes chargés de venir concerter sous les regards & la protection de votre monarque.

Ce n'est pas au moment présent, ce n'est pas à une régénération passagere que vous devez borner vos pensées & votre ambition ; il faut qu'un ordre constant, durable & à jamais utile, devienne le résultat de vos recherches & de vos travaux ; il faut que votre marche réponde à la grandeur de votre mission ; il faut que la pureté, la noblesse & l'intégrité de vos vues demeurent en accord avec l'importance & la gravité de la confiance dont vous êtes dépositaires. Par-tout où vous découvrirez les moyens d'accroître & d'affermir la félicité publique, par-tout où vous découvrirez les voies qui peuvent conduire à la prospérité de l'état, vous aurez à vous arrêter. C'est vous, Messieurs, qui, en avant, pour ainsi dire, des générations futures, devez marquer la route de leur bonheur ; il faut qu'elles puissent dire un jour : C'est à Louis notre bienfaicteur, c'est à l'assemblée nationale dont il s'est environné, que nous devons les lois & les institutions propices qui garantissent notre repos ; il faut qu'elles puissent dire : Ces rameaux qui nous couvrent d'une ombre salutaire, sont les branches de l'arbre dont Louis a semé le premier germe. Il le soigna de ses mains généreuses, & les efforts réunis de sa nation en ont hâté & assuré le précieux développement.

Mais arrêtons-nous ici, & ne nous abandonnons pas encore à ces douces & bienheureuses espérances. Il est si triste de déchoir, il est si pénible de retourner en arriere ! Ne nous livrons donc que doucement aux images de bonheur & de prospérité que nous pourrions nous faire ; retardons notre confiance, afin de l'assurer ; & retenons notre imagination, afin de n'avoir pas à nous plaindre de ses fausses lueurs & de ses vaines promesses.

Je dois, Messieurs, selon les ordres du roi, commencer par vous rendre un compte fidele de l'état des finances. Une guerre dispendieuse & une suite de circonstances malheureuses ont introduit une grande disproportion entre les revenus & les dépenses. Vous examinerez, Messieurs, les moyens que le roi m'ordonne de vous proposer pour ramener un équilibre si nécessaire ; vous en chercherez de meilleurs, vous les indiquerez, & vous répondrez au vœu de la nation & à l'attente de l'Europe, en concourant de tous vos soins à établir dans les finances du plus grand empire, un ordre qui soit à jamais assuré.

C'est pour remplir un si grand but, que la sagesse de votre souverain vous appelle. Vous n'avez pas seulement à faire le bien, mais ce qui est plus important encore, à le rendre durable & à l'abri des injures du temps & des fautes des hommes.

La confiance publique est ébranlée, & cependant cette confiance est indispensable ; elle honore une nation & constitue sa force politique ; enfin, elle est encore le principe de la modération de l'intérêt de l'argent, & la source d'un grand nombre d'améliorations intérieures. Vous devez contribuer au rétablissement de cette confiance ; & vous vous livrerez à cette idée avec d'autant moins de réserve, qu'après avoir travaillé à rendre invariable l'ordre des finances, vous ne verrez plus rien de dangereux dans l'usage du crédit.

Ces réflexions préliminaires vous indiqueront, Messieurs, les deux principaux objets qui vont être d'abord traités dans ce mémoire :

L'ordre des finances,

La stabilité de cet ordre.

LES finances d'un état sont un centre où aboutissent une multitude innombrable de canaux : tout part de ce centre & tout y revient ; & quand le désordre s'en est emparé, la dangereuse influence de la confusion des finances parcourt tout le royaume, & s'étend tellement au loin, qu'on perd souvent cette cause de vue, dans le temps même qu'elle produit les plus funestes effets. Mais un observateur attentif retrouve aisément les rapports & la filiation qui échappent à la plupart des hommes.

Vous me dispenserez sûrement, Messieurs, de jeter un regard sur les temps qui ont précédé mon administration : c'est de la situation présente, c'est du mal qu'il faut réparer dont je dois vous instruire & vous occuper. Je renonce également à vous faire connoître toutes les difficultés qu'il a fallu vaincre, pour soutenir l'édifice chancelant des finances depuis la fin d'août jusques à présent. L'homme particulier n'est rien au milieu des affaires générales ; & c'est par de nouveaux efforts, & non par le récit du passé, qu'il doit rechercher l'estime publique. Il est des travaux, d'ailleurs, il est des peines dont un sentiment intérieur est le seul dédommagement & la vraie récompense.

Le compte des finances de S. M. que l'on mettra d'abord sous vos yeux, renferme les revenus & les dépenses fixes de l'état.

Les revenus & les dépenses fixes n'appartiennent à aucune année en particulier; elles seront toujours les mêmes, à moins qu'on ne vienne à les changer par de nouvelles dispositions.

Le roi recevra la même somme de tributs, tant que les lois constitutives de ces impôts ne seront point abrogées; & le Roi payera la même somme d'intérêts, tant que les capitaux de la dette publique ne seront point amortis. Ces deux exemples, applicables encore à beaucoup d'autres objets, suffiront néanmoins pour donner l'idée du véritable sens qu'il faut attribuer à la dénomination des revenus & des dépenses fixes.

On devra, Messieurs, vous présenter ensuite le prospectus des revenus & des dépenses passageres, c'est-à-dire, des revenus & des dépenses qui n'auront lieu que l'année prochaine ou pendant la suivante.

Le tableau des revenus & des dépenses fixes forme sans doute l'objet le plus digne de votre attention; il faut des impôts ou des économies durables pour balancer la différence qui existe entre la somme des revenus fixes & la somme des dépenses de même genre; il ne faut que des secours momentanées pour subvenir aux dépenses passageres.

## *Tableau des Revenus & des Dépenses fixes.*

Ce tableau a été composé de deux manieres.

L'une est absolument conforme à la méthode observée l'année derniere pour le compte imprimé par les ordres du Roi : ainsi cet état offre, d'une part, les sommes versées au trésor royal par chaque caisse de recette, déduction faite des charges assignées sur ces caisses; & de l'autre part, toutes les dépenses acquittées par le trésor royal.

Le second compte, dont le résultat est absolument semblable, présente, en recettes & en dépenses, tous les articles de même nature, quelles que soient les caisses diverses où ces recettes & ces dépenses sont effectuées.

Ce genre de compte hors de l'usage commun, & qui s'écarte de la méthode réelle des recettes & des payements, seroit plus facilement susceptible d'erreur; mais on est parvenu à le rendre parfaitement correct, puisque son résultat, comme on vient de le dire, se trouve d'accord avec celui du premier tableau; & vous pourrez juger de l'exactitude de ce rapprochement, non-seulement par la balance commune, mais encore par tous les détails indicatifs dont ces deux comptes seront accompagnés.

Enfin, Messieurs, l'intention du Roi est que, sans aucune réserve & sans aucune exception, il vous soit remis tous les renseignements, toutes les pieces justificatives que vous pourrez desirer.

On ne vous fera pas ici la lecture de ces comptes; il suffit de vous annoncer que la différence entre les revenus & les dépenses fixes est d'environ 56 millions.

Vous desirerez peut-être, Messieurs, de connoître le rapport qui existe entre cette différence & le déficit indiqué dans le compte imprimé, par ordre du roi, au mois de mars 1788; & l'on vous donnera sur ce point toutes les informations que vous souhaiterez: mais, comme une telle explication exigeroit trop de détails, on se bornera dans ce moment à vous montrer en peu de mots l'accord général qui se trouve entre les deux comptes.

Le déficit, selon le compte de 1788, étoit de 160,827,492 livres.

Mais on avoit compris dans cette somme tous les remboursements montant à 76,502,367 livres, & toutes les dépenses extraordinaires & passageres, payables en 1788, & qui s'élevoient à 29,395,585 livres.

Ces deux articles mis à part, le déficit ordinaire, c'est-à-dire, la différence entre les revenus & les dépenses fixes, se réduiroit à 54,929,540 livres.

A la vérité, l'on n'avoit pas compris dans le compte de 1788, & par conséquent dans le déficit ordinaire, ni les rentes à la charge du roi, provenant de l'emprunt de novembre 1787, objet de douze millions, ni les fonds destinés par le roi au secours des réfugiés Hollandois; article en ce moment de 8 à 900 mille livres. On n'avoit pas non plus compris dans le déficit ordinaire une somme applicable aux dépenses imprévues: & puisque ces dépenses reviennent toutes les années, on a cru devoir les ranger dans le compte des dépenses, & elles forment dans ce compte un article de 5 millions.

Ces trois articles, réunis à plusieurs autres différences moins essentielles, auroient dû élever à plus de 75 millions le déficit du compte dont il est question en ce moment.

On doit donc vous expliquer d'une maniere générale pourquoi ce déficit n'est cependant que de 56 millions.

1° Les retenues imposées sur les pensions par l'arrêt du 13 octobre 1787, n'avoient pas été mises en compte dans l'état des finances, imprimé l'année derniere; cet article se monte à environ 5 millions.

2° Les économies & les dispositions nouvelles du département de la guerre ont diminué son état de dépenses fixes de 8 à 9 millions.

3° Le département de la marine, en conséquence des nouveaux projets adoptés par le roi, a fixé son état de dépenses à 40 millions, 500 mille livres; ce qui forme une réduction sur le compte de 1788, de 4 millions, 500 mille livres.

4° Le département des affaires étrangeres a fixé son état ordinaire des dépenses à 7 millions, 300 mille livres; ce qui procure une réduction sur le compte précédent de 1800 mille livres.

Ces divers articles, choisis entre plusieurs autres, suffiront pour indiquer pourquoi, dans ce moment, le déficit du compte des revenus & des dépenses fixes n'est plus de 75 millions, mais de 56 millions.

Tous les détails se trouveront expliqués dans le rapprochement exact du compte de 1788, & du compte qui vous est présenté; rapprochement dont on vous donnera le tableau.

Ne me seroit-il pas permis, Messieurs, de vous faire observer que le déficit antérieur à l'époque de l'administration actuelle des finances, bien loin d'avoir diminué, auroit pris un grand accroissement, si le trésor royal n'avoit pas été gouverné avec la plus sévere exactitude, si l'on n'avoit pas défendu particulierement ses intérêts, si l'on n'avoit pas obtenu des délais pour tous les payements qui pouvoient être retardés sans éclat, si l'on ne s'étoit pas ainsi préservé de la nécessité de recourir à des emprunts considérables, si l'on ne s'étoit pas mis en état de refuser toute espece de secours à des conditions onéreuses, & si l'on n'avoit pas réussi dans ce projet, nonobstant toutes les alarmes qui s'étoient répandues sur l'état des finances & sur le sort de la dette publique en général?

On revient à la différence qui existe entre les revenus

fixes & les dépenses fixes, & qui se trouve réduite en ce moment à 56 millions : il faut s'occuper des moyens de couvrir cette différence ; & voici de premiers apperçus que le roi m'a ordonné de soumettre à votre considération.

1° Il résulte, selon mes calculs, des conditions du dernier bail, passé avec MM. les fermiers généraux, de la rentrée dans certains droits suspendus pour un temps, & de l'accroissement successif des produits, qu'en mettant à part 2 millions, ou 2 millions, 400 mille livres, pour le traitement fixe des fermiers généraux, en sus de l'intérêt de leurs fonds à cinq pour cent, le produit des droits à recouvrer par la ferme générale, peut être estimé à 18 millions de plus qu'il n'a été compté dans le compte de 1788. J'observerai seulement, 1° que cette augmentation exigeroit un changement dans les conditions du bail passé avec les fermiers généraux ; 2° qu'elle ne seroit réalisée en son entier que d'ici à un ou deux ans, & à l'époque où la ferme générale auroit écoulé un approvisionnement de tabac qu'elle a fait à trop haut prix. On vous donnera, Messieurs, les explications détaillées qui peuvent justifier une si bonne espérance.

2° J'évalue de 5 à 6 millions l'accroissement de revenu qu'on peut raisonnablement attendre de la ferme des postes, de l'administration des domaines, de la régie des aides, de la régie des revenus casuels & de la ferme de Sceaux & de Poissy, en revoyant aussi les conditions des traités passés avec ces compagnies, & en évaluant, sans exagération, le produit de cette partie des revenus du roi, d'ici à un ou deux ans.

Voilà donc, Messieurs, en deux articles, près de 24 millions de bonifications que vous considérerez, je crois, comme très-assurés.

Examinons maintenant une suite d'autres indications, qui réunies présenteroient également une ressource considérable: elles ne tiennent à aucun impôt ; mais elles dépendent de plusieurs dispositions d'ordre ou d'administration, & vous jugerez de leur convenance.

1° Il y a plusieurs droits d'aides connus sous le nom de droits rétablis, de droits réservés, &c. qui ont été abonnés dans une partie des provinces du royaume, tandis que, dans d'autres, la perception s'en fait réellement aux termes des lois qui ont établi ces impôts. Ces abonnements sont tellement désavantageux, que, d'après des calculs faits avec soin, on présume qu'ils devroient se monter à près de 7 millions de plus. Vous considérerez, Messieurs, s'il est juste d'établir une égalité parfaite entre toutes les provinces, ou si l'habitude ancienne d'une faveur particuliere doit être respectee.

2° Le clergé reçoit de la ferme générale, en vertu de stipulations expresses, 2 millions, 500 mille livres, par an ; & il emploie cette somme au remboursement des dettes qu'il a contractées pour fournir au roi des dons gratuits. Il y joint de ses propres revenus 2 millions; en sorte que ses remboursements se montent en tout à 4 millions, 500 mille livres. Cette derniere somme pourroit devenir un revenu de l'état, si le roi se chargeoit des dettes du clergé, en destinant à leur remboursement une partie des fonds qui seroient appliqués à une caisse d'amortissement. Les propriétaires des rentes sur le clergé ne perdroient rien à cet échange, du moment que leurs créances seroient garanties par la plus solide des cautions, celle du roi & des états-généraux.

3° Vous verrez, Messieurs, dans le compte des finances, que le roi paye annuellement à des hôpitaux, à des communautés religieuses, ou pour d'autres objets de ce genre, une somme de 5 millions. Vous aurez à considérer, Messieurs, si une partie de cette dépense ne pourroit pas être assignée sur des revenus ecclésiastiques, soit par des réunions, soit par la voie des économats, soit de toute autre maniere.

4° Le roi a affranchi la compagnie des Indes du droit d'indult sur les marchandises importées de l'Inde & de la Chine, & S. M. lui abandonne de plus la moitié du produit des saisies & des droits relatifs à quelques branches de son commerce. Ces deux sacrifices peuvent être évalués de 15 à 1800 mille livres; & le roi rentreroit en possession de ce revenu, si la liberté du commerce des Indes étoit rétablie. Il seroit encore possible que la compagnie elle-même s'en désistât, si le privilege dont elle jouit, lui étoit conservé d'une maniere stable.

5° Les primes que le roi accorde pour l'encouragement du commerce s'élevent aujourd'hui à 3 millions, 800 mille livres; & celle accordée sur la traite des Noirs forme seule un objet de 2 millions, 400 mille livres.

Il y a lieu de croire que cette derniere dépense pourra être diminuée de près de moitié, en adoptant une disposition que l'humanité seule auroit dû conseiller. S. M. a déjà fait connoître ses intentions à cet égard, & il vous en sera rendu compte plus particuliérement.

6° Le tabac se vend aujourd'hui râpé, dans presque toute la France ; & cette méthode a beaucoup augmenté la ferme du tabac. Quelques négligences particulieres, commises en Bretagne, donnerent lieu à des plaintes en 1784, & les réclamations qui s'ensuivirent ont obligé la ferme générale à vendre le tabac dans cette province, selon l'ancienne méthode. On croit qu'en y ramenant l'usage devenu général dans tout le royaume, le produit de la ferme du tabac augmenteroit de 1200 mille livres.

7° Les villes & les hôpitaux perçoivent à leur profit différents droits sur les consommations : le roi en leve de semblables dans les mêmes lieux ; & ces diverses administrations gênantes pour les peuples, occasionnent de doubles frais de gestions. Il arrive aussi que plusieurs municipalités, entraînées par différents égards, favorisent ou tolerent des faveurs & des exceptions. On avoit souvent pensé que si l'administration royale se chargeoit de l'ensemble de ces recouvrements, & assignoit aux villes & aux hôpitaux une somme fixe proportionnée à leur recette habituelle, il en résulteroit un bénéfice évalué à 2 ou 3 millions (1) ; mais un tel arrangement auroit éprouvé, avec raison, de grandes contradictions : on pourroit le prendre en considération à une époque où des dispositions d'ordre, sanctionnées par la nation, écarteroient tout motif d'inquiétude & rendroient parfaitement assurés les engagements qui seroient pris avec les villes.

8°. Il existoit en 1785, un droit à l'entrée des toiles peintes & des mousselines. On a cru s'opposer avec plus d'efficacité à l'admission de ces marchandises dans le royaume, en la prohibant absolument ; mais l'expérience a prouvé que l'introduction étoit à-peu-près la même, & que le droit aboli avoit tourné au profit des contrebandiers ou des assureurs de leurs entreprises. Tout semble donc inviter à rétablir le droit : cette disposition procureroit au roi un revenu de 8 à 900 mille livres.

9°. L'intérêt de l'emprunt nécessaire pour balancer les besoins de cette année, se trouvant compris dans l'état des dépenses fixes, & cet intérêt ne pouvant être exigible que dans l'année prochaine, on est fondé à compter au nom-

(1) L'abolition des privileges, si elle avoit lieu, accroîtroit le produit des octrois des villes, puisque plusieurs de ces privileges s'appliquent à des droits sur les consommations.

bre des ressources qui doivent y correspondre, les extinctions de rentes viageres qui auront lieu cette année ; objet d'environ 1500 mille livres.

10°. MONSIEUR vient d'offrir une diminution de 500 mille livres sur les fonds destinés par le roi aux dépenses de sa maison ; & S. M. a accepté cette proposition.

11°. Monseigneur COMTE D'ARTOIS n'avoit pu encore terminer les dispositions dont il s'occupoit, lorsqu'il annonça l'année derniere l'abandon de 400 mille livres sur la somme destinée à sa maison. Monseigneur vient de faire connoître, qu'à compter du 1er de ce mois, cette réduction seroit ponctuellement effectuée à la décharge annuelle du trésor royal.

12°. L'abolition du privilege des bourgeois de Paris, pour l'entrée franche des produits de leurs terres & de leur chasse, si on la jugeoit convenable, procureroit un bénéfice de 4 à 500 mille livres.

13°. L'abolition des francs-salés qui ne sont pas adjugés par des arrêts, vaudroit 3 à 400 mille livres.

14°. L'établissement de deux ports francs, l'un à Bayonne, l'autre à l'Orient, n'a pas rempli l'objet d'utilité qu'on en attendoit, & celui de Bayonne est devenu un entrepôt qui favorise le commerce des étrangers au dépens du nôtre. On se borne, en ce moment, à vous faire observer que ces deux dispositions nouvelles, tant par une diminution dans le débit du tabac, que par les indemnités demandées & d'autres considérations, ont fait perdre au roi 600 mille livres de rentes.

15° Les quatre deniers pour livre sur la vente des immeubles sont perçus par les huissiers priseurs ; & au moyen d'une finance qu'ils ont fournie, ils n'en comptent point au roi. Il paroît que cette finance n'est pas proportionnée au produit actuel de ces droits, & l'on fait des offres à cet égard qui produiront vraisemblablement une augmentation de revenu de 600 mille livres.

16°. On n'a rien mis en compte pour les dons gratuits du clergé ; ce revenu, à compter des temps passés, équivaudroit à 3 millions, 200 mille livres, en raison de 16 millions tous les cinq ans.

Les seize articles, Messieurs, dont on vient de vous donner l'énumération, réunis aux 24 millions relatifs à l'accroissement certain du produit des fermes & des régies, ne s'éloigneroient pas, comme vous le verrez, de la somme du déficit.

Quel pays, Meſſieurs, que celui où ſans impôts & avec de ſimples objets inapperçus, on peut faire diſparoître un déficit qui a fait tant de bruit en Europe!

Suppoſant néanmoins que dans le nombre des diſpoſitions propres à établir la balance entre les revenus & les dépenſes fixes, une partie ne vous parût pas convenable, ce ſeroit le moment de vous faire obſerver, Meſſieurs, que ſi les deux ordres privilégiés, renonçant à leurs privileges, concouroient au payement des charges de l'état de la même maniere que les autres ſujets du roi; & ſi les princes eux-mêmes offroient de réſilier les abonnements conſentis avec eux pour les vingtiemes, on pourroit vraiſemblablement élever les impoſitions de 10 à 12 millions, & il n'en réſulteroit point d'augmentation pour les contribuables.

On prévoit encore pluſieurs diſpoſitions économiques, dont les unes exigeroient un rembourſement, d'autres le choix d'un moment favorable, d'autres le loiſir néceſſaire pour s'en occuper particulierement: mais il exiſte auſſi quelques ſacrifices convenables à faire. On doit préſumer que MM. les députés du ters-état deſireront vraiſemblablement l'abolition du franc-fief: il eſt payé par les particuliers qui achetent des biens ſeigneuriaux, ſans être en poſſeſſion des prérogatives de la nobleſſe. Quel intérêt auroient les ordres privilégiés à s'oppoſer à l'abolition d'une diſtinction pécuniaire, qui ſemble devoir être anéantie avec celles du même genre dont ils paroiſſent diſpoſés à faire un généreux abandon? Le revenu du franc-fief ne ſe monte qu'à 1600 mille livres.

Enfin, Meſſieurs, il eſt peut-être des réductions, il eſt peut-être des économies qui ont beſoin, pour acquérir un caractere parfait de juſtice ou de raiſon, d'être provoquées au nom de l'aſſemblée même de la nation. La recherche, l'examen de celles-ci vous ſont remis par un effet de l'entiere confiance de S. M. en votre ſageſſe & en votre circonſpection.

On ne fait aucune mention ici, Meſſieurs, des réductions dont les frais de recouvrement des impôts pourroient être ſuſceptibles, parce qu'elles dépendroient d'un nouveau ſyſtême dans l'organiſation de ces mêmes impôts, & qu'elles ſerviroient alors à rendre ces changements plus avantageux à la nation.

Le roi auroit-il beſoin, Meſſieurs, d'expoſer les motifs qui l'ont engagé à ne pas mettre la réduction des intérêts de la dette publique au nombre des moyens propres à rétablir l'ordre dans les finances? Le roi auroit-il besoin de justifier cette résolution au milieu des états-généraux & dans le sein de la nation la plus renommée par ses sentiments d'honneur? Non sans doute. Tout engagement porte avec lui un caractere sacré : & quand cet engagement a été pris par le souverain, par le chef & le gardien des droits d'une nation; quand il a été pris, en grande partie, pour subvenir aux besoins extraordinaires d'une guerre nationale; quand il a été pris pour garantir les propriétaires de fournir des subsides qu'ils eussent été dans l'impossibilité de payer; enfin, quand cet engagement a été pris, n'importe pour quel sujet, il doit être tenu. Le souverain ne peut pas d'une main faire exécuter les engagements des particuliers, & de l'autre briser les liens qu'il a contractés avec ceux qui se sont fiés à sa parole, & à sa parole consacrée du sceau légal connu & respecté jusqu'à présent. Que de plus grandes précautions soient prises pour l'avenir, le roi le desire, le roi le veut : mais à une époque si solemnelle, où la nation est appelée par son souverain à l'environner, non pour un moment, mais pour toujours; à une époque où cette nation est appelée à s'associer en quelque maniere aux pensées & aux volontés de son roi, ce qu'elle desirera de seconder avec le plus d'empressement, ce sont les sentiments d'honneur & de fidélité qui animent S. M.; ce sont les sentiments sans lesquels il n'y a plus d'harmonie entre les hommes, que par la violence & par la contrainte. Il ne faut donc pas qu'aucun manquement de foi vienne souiller les prémices de la restauration de la France; il ne faut pas que les délibérations de la plus auguste des assemblées, soient marquées à d'autre empreinte que celle de la justice & de la plus parfaite raison. Voilà le sceau perpétuel des empires : tout peut y changer, tout peut y essuyer des révolutions; mais, tant que les hommes viendront se rallier autour de ces grands principes, il n'y aura jamais rien de désespéré, il n'y aura jamais rien de perdu. Ce sera un jour, Messieurs, un grand monument du caractere moral de S. M., que cette protection accordée aux créanciers de l'état, que cette longue & constante fidélité; car, en y renonçant, le roi n'auroit eu besoin d'aucun secours extraordinaire, & il n'auroit pas été soumis aux diverses conséquences qui en ont résulté. C'est là peut-être un des premiers conseils que les aveugles amis de l'autorité, que les Machiavel modernes n'auroient pas manqué de lui donner.

Sa Majesté trouve bien plus de grandeur & de satisfaction

à

à s'unir avec vous, Messieurs, pour consacrer les principes immuables de la justice & de la probité ; elle trouve plus de satisfaction à les respecter, qu'elle ne pourroit en recueillir dans toutes les jouissances de la pompe du trône, & dans l'exercice illimité d'une autorité qui perdroit de son prix, si elle n'étoit pas destinée à maintenir la justice, & à la défendre contre toutes sortes d'atteintes. Enfin, Messieurs, la puissance politique de la France est étroitement unie à la conservation de ces principes. Les dépenses d'une guerre sont devenues immenses, depuis qu'il faut couvrir toutes les mers pour se tenir sur la défensive, & depuis que des armées, prodigieuses en nombre, doivent être mises en campagne, pour se trouver en égalité avec les forces militaires des autres nations de l'Europe. Dans cet état des choses, il est absolument impossible de soutenir de si grands efforts par des impôts extraordinaires : on doit nécessairement se ménager les moyens d'obtenir des capitaux considérables, en échange d'un sacrifice annuel & modéré, de la part des contribuables ; mais cette ressource dépend essentiellement de la confiance, & la confiance dépend de la fidélité du souverain. Ainsi, Messieurs, la bonne foi, la politique, le bonheur & la puissance, tous les principes, tous les mobiles, tous les intérêts enfin qui touchent également le roi & ses peuples, viennent plaider la cause des créanciers de l'état, & leur servir de défense.

Qu'il me soit permis encore de joindre aux motifs qui embrassent le bonheur général d'une nation considérée collectivement & dans toute sa durée, le motif plus touchant peut-être encore du bonheur des individus, dont l'existence passagere n'est que plus digne de soin & de compassion : je parle sur-tout de ces hommes du peuple, que la crainte de l'indigence a rendus laborieux, & qui, dans l'abandon d'une douce confiance, ont déposé entre les mains de leur roi, à l'abri de sa probité & de son amour, le fruit des travaux pénibles de toute leur vie, & l'espoir long-temps acheté de quelque repos dans les jours de la vieillesse & des infirmités qui l'accompagnent ; car tel est un grand nombre des créanciers de l'état. Je n'essayerai pas de peindre le désordre & la douleur qui résulteroient de leur attente si cruellement trompée : il est des maux assez grands, même en perspective, pour qu'on n'ose les fixer par la pensée ; & la crainte qu'ils inspirent, semble être le garant de leur impossibilité.

Il reste encore une question à examiner. Ne pourroit-on pas faire une distinction entre les divers titres de créance, &

réduire ensuite l'intérêt des emprunts, dont les conditions auroient été trop favorables aux prêteurs ? Vous verrez, Messieurs, que l'utilité de cette opération n'auroit aucune proportion avec les inconvénients qui résulteroient d'une atteinte donnée aux principes universels de bonne foi nationale, & aux bases si importantes de la confiance publique. On ne sait où l'on peut s'arrêter, quand on se permet de discuter les circonstances d'un engagement simple ; & comme tout ce qui est soumis à une opinion arbitraire, ne présente à l'esprit aucune circonscription positive, on forceroit les prêteurs à mettre à l'avenir au rang de leurs calculs le risque d'une pareille inquisition : l'intérêt de l'argent se ressentiroit de ce nouveau genre de danger ; & l'état racheteroit longtemps le bénéfice d'un jour ; bénéfice même très-modéré, si l'on vouloit, dans un pareil examen, observer les principes d'une raisonnable équité.

On ne peut se former à l'avance une juste idée des avantages que l'état pourra tirer, non-seulement de la hausse successive du prix des fonds publics, mais encore de la tranquillité, de l'assiette, s'il est permis de s'exprimer ainsi, de toutes les imaginations, relativement à la dette publique. Cette dette est si immense, que la disproportion entre la valeur numéraire des fonds publics & la rente annuelle qui s'y trouve attachée, influe d'une maniere immédiate & décisive, sur le prix général de l'intérêt de l'argent ; & il résulte de cet objet de comparaison, que l'agriculture & le commerce ne trouvent point de secours, ou sont obligés de les acheter à des conditions que les bénéfices ordinaires de ces exploitations ne permettent pas d'accepter. Enfin, les inquiétudes, les incertitudes au moins des propriétaires de fonds publics sur les facultés du trésor royal, & sur la constance des principes du gouvernement, entretiennent une vacillation continuelle dans le prix des fonds ; & cette vacillation est augmentée par l'influence de tous les bruits, de toutes les fausses nouvelles, de toutes les insinuations insidieuses & de toutes les manœuvres de l'agiotage. Mais cet ascendant, ce pouvoir qu'on obtient si facilement sur l'imagination, quand elle erre au hasard & ne sait à quoi se fixer, ce pouvoir s'affoiblira successivement, si les propriétaires des fonds publics acquierent enfin une opinion certaine sur le sort de leurs créances, & si les principes de fidélité, consacrés dans une assemblée nationale, leur servent à jamais de garants. Il résultera encore un grand avantage de cette stabilité dans les opinions ; c'est que, le commerce des fonds publics cessant graduellement de présenter un spectacle de révolutions, tout l'argent qui environne cette table de jeu, cherchera quelqu'autre emploi; le commerce & l'agriculture y gagneront, & l'esprit immoral qui est l'effet inévitable d'une cupidité active & journaliere, perdra peu à peu de sa force. C'est ainsi, Messieurs, qu'une grande suite, qu'une grande diversité d'avantages résulteront nécessairement du premier principe de fidélité que vous consacrerez. Bel & superbe apanage de la vertu publique & particuliere; c'est la tige primitive & féconde d'où naissent une multitude innombrable de ramifications, qui toutes produisent avec le temps des fruits salutaires. Oui, Messieurs, & vous l'entendrez, avec intérêt dans un discours commandé par votre souverain, & qui a reçu la sanction de son autorité; il n'y a qu'une seule grande politique nationale, qu'un seul principe d'ordre, de force & de bonheur; & ce principe est la plus parfaite morale: c'est en s'en écartant qu'on est obligé de changer de guide à chaque instant, & qu'on prend pour de l'habileté l'art de se tirer d'une difficulté que soi-même on a fait naître, & le talent d'en créer de nouvelles qui exigeront encore de nouveaux ressorts & de nouveaux expédients; tandis que, dans l'exercice d'une honnêteté & d'une fidélité parfaites, tout s'enchaîne aisément, tout se tient, tout se lie, tout annonce que ce beau système moral est l'ouvrage chéri de l'Etre suprême. Il ressemble au mouvement régulier de tous les corps physiques, qui s'éleve, s'accroît, se fortifie sans effort & sans confusion, & ne s'arrête ou ne s'interrompt que lorsque les vents ou les orages viennent détruire ses lois, & s'opposer avec violence à sa marche simple & réglée.

On ne pourroit pas défendre la cause des pensionnaires d'une maniere aussi générale que celle des créanciers de l'état, puisque la distribution des grâces ou des récompenses, n'ayant pas été constamment assujettie à des principes fixes; elle est plus susceptible d'erreur & de critique. Cependant, Messieurs, vous penserez au moins que le Roi ayant fait, il y a un an, une réduction de cinq millions sur cette partie des dépenses, ce n'est pas d'une maniere rapide ni générale qu'on peut y chercher une nouvelle ressource. Le Roi écoutera vos observations à cet égard, & vous fera donner les éclaircissements que vous pourrez desirer; vous verrez, & avec peine peut-être, en vous occupant uniquement d'économie, que la plus grande partie de la dépense des pensions est répartie en portions modiques au soulagement des militaires ou d'autres serviteurs de l'état, & que les titres de ces pensions pour les uns, l'ancienne habitude pour les autres, exigent du respect ou du ménagement.

Les considérations qui viennent, au nom de l'humanité, appuyer les droits d'une ancienne possession, ne sont pas applicables à l'avenir; aussi Sa Majesté avoit-elle ordonné aux divers départements, d'observer, pour les nouvelles demandes de grâces pécuniaires, une mesure proportionnée à la moitié des extinctions. Cette mesure seroit peut-être moins susceptible d'erreur ou de contestation, en déterminant la somme numéraire des pensions qui seroient accordées chaque année. Le roi, Messieurs, a toujours adopté, avec goût & avec estime, les dispositions d'ordre qui lui étoient proposées; & S. M. desire ardemment que vous puissiez, en relevant les idées d'honneur patriotique, augmenter le prix des récompenses qui ne coûtent rien au trésor royal, qui ne font point verser de larmes au peuple, & qui n'ont reçu d'atteinte dans l'opinion, que par ces mésalliances de sentiments, qui ont réuni trop souvent le desir public des distinctions, & l'amour secret de l'argent.

C'est un grand point, sans doute, que de pouvoir considérer la possibilité de couvrir le déficit annuel, le déficit dont on se formoit une idée effrayante, sans avoir besoin de recourir à aucun moyen injuste ou sévere, à aucun moyen sur-tout qui dérange le sort du peuple; mais la tâche dont il est nécessaire de s'occuper, n'est pas encore remplie. L'établissement d'un juste équilibre entre les revenus & les dépenses fixes, est, sans contredit, l'objet le plus essentiel, puisque, de cette maniere, non-seulement on remédie à un grand mal, mais on arrête encore ses progrès. En effet, la nécessité de suppléer par des emprunts au déficit habituel, augmente annuellement ce déficit; & ce progrès devient considérable, lorsque la mesure du crédit oblige de souscrire à des intérêts onéreux. Ce sera un grand moment de repos, ce sera un beau jour d'espérance que celui où les revenus & les dépenses fixes de l'état se trouveront au niveau: c'est d'une base ainsi posée, c'est d'un sol ainsi raffermi, que l'on pourra contempler avec calme tout ce qu'il reste encore à faire pour achever de donner aux finances de l'état leur entiere activité, & pour établir dans toutes les parties un ordre parfait & durable.

Supposons maintenant qu'au moyen d'un choix quelconque d'économies & de ressources nouvelles, les revenus & les dépenses fixes de l'état soient mis dans un juste équilibre, vous aurez encore à fixer votre attention sur trois questions très-importantes, & qui ont aussi leur difficulté.

Premierement, comment doit-on remplir les besoins de cette année, & suppléer aux dépenses extraordinaires de 1790 & 1791 ?

Secondement, quelle est l'étendue des anticipations ?

Troisiemement, quels moyens devront être adoptés pour avoir une somme applicable à des remboursements ?

Examinons d'abord la premiere de ces questions.

## *Année courante.*

On mettra sous vos yeux, Messieurs, l'état spéculatif des dépenses & des revenus libres de cette année. Vous verrez qu'en comptant sur le renouvellement d'anticipations le plus vraisemblable, il faudroit un secours extraordinaire de 80 millions. On vous proposera les emprunts ou les ressources qui paroîtront le plus convenables; & cependant, Messieurs, vous remarquerez avec satisfaction, que l'intérêt de l'emprunt nécessaire pour balancer les besoins de l'année, est compris à l'avance dans le compte des revenus & des dépenses fixes dont on vous a déjà donné connoissance, en sorte que cet intérêt n'augmentera point le déficit.

On doit vous faire observer que le secours nécessaire, pour cette année, ne se monteroit pas si haut, si jusqu'au 31 décembre, l'on réduisoit, chaque semaine, les fonds destinés aux payements de l'hôtel de ville, à la même somme qui y a été destinée depuis quelques temps; mais on ne peut pas équitablement exiger des rentiers une plus longue indulgence, & vous trouverez sûrement juste, Messieurs, que les six derniers mois de l'année 1788, dont le payement s'ouvrira dans le cours de ce mois, soient acquittés en entier à la fin de cette année, & que les rentes soient payées désormais avec la plus parfaite exactitude.

Vous remarquerez cependant, Messieurs, que si le Roi se borne à faire acquitter, d'ici à la fin de l'année, le dernier semestre de l'année 1788, & s'il ne paye ensuite que six mois tous les six mois, il y aura constamment un semestre en arriere. L'État auroit donc obtenu, de la part des rentiers, un sacrifice, ou du moins une facilité d'environ 75 millions, puisque la totalité des intérêts payables à l'hôtel-de-ville se monte aujourd'hui à environ 150 millions. Ces six mois de retard pour les rentes viageres seront dûs & payés à la mort des rentiers; ce qui réduira le bénéfice réel des extinctions à environ moitié pour l'année seulement où ces extinctions surviendront; & enfin, si le temps augmente la richesse de l'état, vous aurez à examiner, Messieurs, s'il convient de faire un emprunt extraordinaire pour acquitter plutôt le semestre en arriere. Mais, à en juger par l'esprit de douceur & de conciliation, avec lequel les rentiers se sont prêtés, depuis près d'un an, aux circonstances pénibles de la finance, il est à présumer qu'à l'époque où la nation entiere assurera le payement de leurs intérêts de la maniere la plus exacte & la plus invariable, ils ne regretteront pas d'avoir concouru dans quelque chose à la diminution des embarras présents: ils ne sauroient calculer ce qu'ils auroient perdu, si le désordre s'étoit mis dans les affaires, & si le progrès du discrédit avoit affoibli sensiblement la valeur de leurs capitaux.

Je crois même qu'ils ne seront pas jaloux d'un sacrifice que le roi voudroit faire en même temps au soulagement des contribuables, & qu'il est nécessaire de vous expliquer.

Il est dû, par les peuples, de grands arrérages sur la taille, les vingtiemes & la capitation; & vous en jugerez, Messieurs, si vous faites attention que la recette annuelle des recouvrements est composée, en général, de trois cinquiemes à-peu-près, appartenants à l'année courante, & de deux cinquiemes, provenant des impositions relatives à l'année antécédente; disposition qui jette beaucoup d'embarras & d'obscurité dans les comptes. Ces deux cinquiemes, quoique légitimement dus au roi, sont constamment en arriere, & servent seulement de motif pous resserrer, de temps à autre, le payement des contributions, & procurer ainsi un secours extraordinaire au trésor royal, de 3 ou 4 millions: vous en avez vu l'exemple, Messieurs, dans le compte des recettes extraordinaires de l'année derniere. Le roi, Messieurs, avec votre avis, voudroit faire remise entiere à son peuple de tous ces arrérages, qui se montent à environ 80 millions, sous la condition néanmoins qu'à l'avenir chaque année d'imposition seroit payée dans le cours des douze mois qui la composent; en sorte que le sacrifice du trésor royal consisteroit dans une rénonciation à la faculté légitime qu'auroit le souverain d'user de ses droits à la rigueur, en faisant payer, avec l'année courante, une portion quelconque des arrérages. Vous examinerez, Messieurs, cette idée ; & si vous la trouviez susceptible d'inconvénients, vous ne rendriez pas moins hommage aux intentions bienfaisantes de Sa Majesté.

Les besoins extraordinaires pour les années 1790 & 1791, ne sont connus qu'imparfaitement, parce qu'ils dépendent en partie de liquidations encore incertaines. On vous en donnera l'indice général ; & il ya lieu de présumer que les extinctions viageres de l'année 1790, suffiront pour obtenir un capital équivalent à ces dépenses passageres.

On doit cependant faire observer ici que la mesure des besoins extraordinaires ne doit jamais être annoncée d'une maniere positive, puisque diverses circonstances imprévues peuvent accroître ces sortes de dépenses.

On étendroit trop loin, Messieurs, ce premier discours, si l'on vous présentoit toutes les explications que chaque partie séparée pourroit exiger ; elles vous seront données dans le cours de vos travaux. Ce qui importe le plus en ce moment, c'est de vous présenter un enchaînement qui facilite votre marche, & vous empêche de perdre du temps en cherchant une route dans un pays encore nouveau pour le plus grand nombre des membres de cette assemblée.

A l'avenir, & lorsque les comptes de finance auront été soumis à une forme simple & très-intelligible, à une forme sur-tout rendue constante & invariable, vous n'aurez besoin d'aucun secours, de la part de l'administration des finances ; & ce sont les états-généraux eux-mêmes, Messieurs, qui conserveront la filiation de toutes les connoissances & de toutes les instructions qui pourront répandre une parfaite clarté sur les finances en général & sur toutes les parties qui en dépendent.

Cette clarté, ce grand jour, seront le plus sûr appui de la confiance publique ; & l'intention du roi est que ses ministres secondent, sans réserve, le desir que vous aurez, Messieurs, de tout connoître & de tout entendre ; car un esprit de critique ne sera point votre guide, & vous ne chercherez point la perfection, pour le plaisir de rabaisser les soins de l'administration, mais pour faire jouir la France de l'avantage incommensurable qui peut naître de la réunion de vos lumieres. Il est bien aisé de trouver quelque erreur ou quelque omission dans le vaste ensemble dont on mettra sous vos yeux toutes les parties : ni l'ordre, ni la méthode, ni les recherches préalables absolument nécessaires, n'ont point coûté de peines à ceux qui en deviennent les juges; & leur esprit en repos, pendant qu'ils parcourent tout ce qui est bien, a d'autant plus de moyens pour saisir avec activité les fautes qui ont pu échapper à l'attention de l'ouvrier général. Mais peu importe, après tout; vous irez en avant vers le but qui intéresse le bonheur public, de telle maniere qu'il vous plaira; & pourvu que vous approchiez de ce terme, toutes les autres considérations, toutes les particularités deviennent indifférentes.

On a fixé votre attention sur les moyens propres à établir le niveau entre les revenus & les dépenses fixes, & sur les ressources qu'on peut employer pour subvenir aux besoins extraordinaires dont on vous a donné connoissance. Il reste encore deux parties importantes dans la gestion des finances : l'une concerne les anticipations; l'autre, les remboursements.

## *Anticipations.*

On entend par anticipations, la partie des revenus du roi qui se consomment à l'avance. Cette disposition s'effectue au moyen de rescriptions & d'assignations qui sont tirées communément à un an de terme sur les impositions payables à cette distance, & l'on négocie ces différents papiers en accordant le bénéfice d'un intérêt & d'une commission; c'est là ce qui constitue la dépense annuelle des anticipations, dépense proportionnée à l'étendue de la somme empruntée sous cette forme. Une telle dépense subsistera tant que les anticipations seront renouvelées; il faudroit donc, pour la faire cesser, destiner un fonds extraordinaire à l'amortissement du capital.

La facilité de négocier & de renouveler ces anticipations, dépend absolument de la continuation du crédit; & quand ce crédit s'affoiblit, on est obligé de chercher d'autres ressources. Ainsi, le grand inconvénient des anticipations entre plusieurs autres, c'est de ne laisser jamais une entiere sécurité.

Les anticipations qui portent sur l'année 1790 se montent à 90 millions, mais il y a 172 millions consommés à l'avance sur les revenus des huit derniers mois de cette année. On se propose, & par prudence & par nécessité, de réduire le renouvellement de cette partie des anticipations à 100

millions,

millions ; & c'est essentiellement par ce motif qu'un nouveau secours de 80 millions est nécessaire, ainsi qu'on vous l'a expliqué, Messieurs, en vous entretenant des besoins particuliers à l'année courante.

On n'est jamais sûr, Messieurs, du renouvellement des anticipations. Ainsi, tant qu'elles ne seront pas bornées à une somme qui rende leur négociation à l'abri d'incertitude, on pourroit se trouver dans l'obligation de recourir à un emprunt inattendu. Cet emprunt, à la vérité, ne diminueroit pas les revenus du roi, puisqu'il remplaceroit une somme d'anticipations dont l'intérêt & les frais font partie des charges de l'état, ainsi que vous aurez pu le remarquer dans le tableau des dépenses fixes.

On dira peut-être que le moyen le plus simple seroit de convertir toutes les rescriptions & toutes les assignations à terme en des effets portant cinq pour cent d'intérêt, jusqu'à l'époque éloignée où l'on pourroit en faire le remboursement ; & cette opération s'appelle, en langage de finance, suspendre les rescriptions.

Une telle disposition, sans doute, affranchiroit de tous les embarras ; & entre toutes les manieres de déroger à ses engagements, ce seroit peut-être la plus tolérable. Mais pourquoi manquer à aucun, si l'on peut éviter cette faute, ce malheur, cette honte, & si on le peut sans blesser même les intérêts communs de l'état ? Ah ! sans doute, une si honorable assemblée préférera toujours les moyens les plus exempts de reproches, & l'exercice d'une bonne foi sans tache, à des expédients dont le principe est infiniment dangereux.

On ne doit pas douter que si les anticipations étoient une fois réduites à 100 millions, elles se négocieroient avec une extrême facilité & à un intérêt très-modéré ; car ces sortes de placements sont fort recherchés, & ils conviennent même à l'activité de la circulation ; c'est un moyen de ne pas laisser oisif, pendant un long intervalle, les capitaux dont le propriétaire veut disposer à un terme fixe.

### *Remboursements.*

LES remboursements ne sont portés dans aucun des tableaux qu'on vous a présentés ; ils ont été suspendus par l'arrêt du conseil du 16 août dernier. Ainsi, l'on ne les a compris ni dans la classe des dépenses fixes, ni dans celle des dépenses extraordinaires de cette année.

Cependant il est juste, il est utile de revenir sur cette suspension dans une mesure quelconque.

Les remboursements, tels qu'ils existoient avant la suspension ordonnée par le roi, se montoient à 76,502,367 l., & ils devoient s'élever un peu plus haut cette année, suivant l'accroissement indiqué par les édits ou les arrêts de création de plusieurs emprunts.

Il est manifeste que, dans la situation présente des affaires, l'état ne pourroit exécuter des remboursements si considérables, sans recourir à des contributions au-dessus des facultés du peuple.

On ne proposeroit pas sans doute de balancer ces remboursements par de nouveaux emprunts ; il faudroit, pour employer cette ressource, se soumettre à des négociations très-onéreuses, & dont l'intérêt accroîtroit graduellement l'embarras des finances & la charge des peuples. Les capitalistes ont eux-mêmes un grand intérêt au ménagement des contribuables ; car toutes les fois que les ressorts d'un gouvernement sont trop tendus, toutes les fois que les tributs se payent avec peine, il regne dans toutes les affaires une gêne qui répand une inquiétude générale, & qui altere le prix des fonds publics. Cependant c'est par la vente facile de ces fonds à des conditions convenables, que les propriétaires trouvent à chaque instant l'argent dont ils ont besoin ; & ce genre de remboursements, auquel chacun a recours selon sa volonté, est pour les particuliers le plus commode de tous.

Il est important néanmoins, & pour diminuer insensiblement la dette publique, & sur-tout pour accroître le crédit, si nécessaire à un grand empire, de destiner annuellement une somme quelconque à des extinctions ; & S. M. vous consulte, Messieurs, sur la fixation de cette somme & sur le choix des moyens les plus propres à l'assurer invariablement.

Les extinctions graduelles des pensions & des rentes viageres, les augmentations qui arrivent naturellement dans le produit de tous les droits sur les consommations, & les économies dont les dépenses fixes seroient graduellement susceptibles, pourroient être versées dans la caisse d'amortissement ; & de cette maniere, le registre de cette caisse serviroit à indiquer distinctement les améliorations qui surviendroient dans l'état ordinaire des finances.

Les divers moyens, Messieurs, qui vous ont été indiqués pour couvrir la différence entre les revenus & les dépenses fixes, excédant la mesure de ce déficit, il faut attendre le résultat de vos examens, pour apprécier la quotité de superflu qui seroit applicable à des remboursements. Il est nécessaire aussi de savoir l'étendue de la somme que vous jugeriez convenable de destiner à l'amortissement de la dette publique, avant de mettre sous vos yeux une notice des ressources extraordinaires que de nouveaux impôts pourroient procurer. On vous en indiquera, Messieurs, qui ne seroient point à charge au peuple; & quand vous le desirerez, on vous les fera connoître.

Il n'est pas douteux que plus on peut élever la somme des remboursements, & plus on hâte la libération de l'état; mais il ne faut pas désunir cette considération importante, des ménagements dûs aux contribuables & de l'appréciation des circonstances actuelles. L'objet le plus instant, c'est de subvenir aux dépenses fixes par les revenus fixes, afin de prévoir avec certitude l'époque rapprochée où l'on n'auroit plus besoin de faire aucun emprunt; car rembourser & emprunter en même temps sont deux dispositions qui se contrarient, à moins que les emprunts ne soient faits à un intérêt inférieur à celui des capitaux qu'on éteint. Ce temps arrivera, & peut-être bien vîte, si les états-généraux adoptent les mesures qu'on peut attendre de leur sagesse, & si la confiance publique est excitée par cette harmonie, par cet ensemble qui rassurent les esprits & pour le moment présent & pour l'avenir.

La caisse d'amortissement une fois constituée & ses fonds assurés, il resteroit encore à déterminer ses opérations & à fixer l'ordre des remboursements; mais vous approuverez sûrement, Messieurs, que ces questions ne soient pas traitées dans ce moment, car on vous détourneroit ainsi du cours des idées qui doivent fixer principalement votre attention.

## *Dettes en arriere.*

Ces dettes doivent être divisées en deux classes, celles dont le payement est indispensable, & celles dont le payement peut être différé. Nous rangerons, dans la premiere, tous les remboursements auxquels le roi s'est engagé envers des étrangers, pour des emprunts faits dans leur pays; c'est un contrat d'un genre particulier, qui ne peut être soumis aux conventions nationales. Ces emprunts sont peu considérables : on en a porté l'intérêt dans le compte des dépenses fixes, & le remboursement dans les dépenses extraordinaires de cette année & des suivantes.

Une seconde partie des dettes en arriere concerne quelques arrérages dûs par les départements actifs de la guerre & de la marine. La portion de ces arrérages, dont le payement ne peut être retardé sans injustice, ou sans nuire au service du roi, sera pareillement portée dans le compte des besoins extraordinaires pour les années 1789 & 1790.

Enfin, il y a eu de tout temps, quelquefois un & deux ans en arriere sur les gages, les appointements & les intérêts dûs par le roi; & selon le degré d'aisance du trésor royal, ces payements ont été avancés ou retardés. Les arrérages de ce genre ne coûtent aucun intérêt, & l'on se borne généralement à desirer de toucher exactement une année chaque année. Ainsi, il suffit de comprendre, dans les dépenses fixes, la partie de ces arrérages que la mort des propriétaires rend nécessairement exigible.

C'est ici l'occasion de rappeler qu'il existe aussi des créances à recouvrer par le roi, lesquelles, à cause de l'incertitude de leur rentrée, n'ont été portées dans aucun compte. On a formé l'état des objets les plus liquides, & les recouvrements que l'on pourra faire sur ces créances, serviront à diminuer la somme des besoins extraordinaires pour cette année & les suivantes.

Permettez maintenant, Messieurs, qu'on vous présente une récapitulation abrégée des points successifs qui doivent fixer votre attention, en vous livrant à l'examen de l'état des finances. C'est par de l'ordre & de la méthode que le gouvernement doit principalement vous seconder, afin de vous mettre ainsi plus promptement à portée d'appliquer au bien de l'état vos idées & vos réflexions. Cet ordre, cette méthode, si utiles & si secourables dans toutes les affaires, paroissent sur-tout nécessaires à une époque où pour la premiere fois depuis long-temps on vient de toutes les parties du royaume s'occuper des finances du plus grand empire de l'Europe. Voici donc, Messieurs, un résumé précis des divers examens que vous aurez à faire.

1°. Examen de l'état des revenus & des dépenses fixes.

2°. Examen des moyens les plus propres à rendre facile & distincte, en tous les temps, la connoissance de l'état des finances.

3°. Examen des économies & des améliorations qui peuvent servir à rapprocher la somme des revenus fixes de celle des dépenses fixes.

4° Examen des ressources nouvelles qui peuvent mettre au niveau les revenus & les dépenses fixes.

5° Examen des besoins extraordinaires de cette année & des ressources qui peuvent y correspondre.

6° Examen des besoins extraordinaires & prévus pour l'année prochaine ou la suivante, & des moyens qui peuvent y subvenir facilement.

7° Examen particulier de l'étendue des anticipations, de leur nature, de leur dépense, & des dispositions les plus propres à rendre ce genre d'emprunt économe, & à délivrer des inquiétudes qu'il occasionne.

8° Examen de la constitution d'une caisse d'amortissement, & de ses rapports avec la netteté & la clarté des comptes de finance.

9° Examen des améliorations successives soit en augmentation de revenus annuels, soit en diminution des dépenses annuelles, qui peuvent composer naturellement le fonds d'amortissement.

10° Examen des fonds extraordinaires qui peuvent être destinés à la caisse d'amortissement.

11° Examen & choix des portions de la dette publique dont l'extinction seroit la plus utile, & à laquelle il faudroit destiner les premiers fonds d'amortissement.

12° Examen des dettes en arriere & de leurs différentes natures.

Il est temps, Messieurs, de fixer votre attention sur un objet de la plus haute importance. Je suppose l'ordre rétabli dans les finances d'une ou d'autre maniere : il faut que cet ordre soit maintenu ; il faut, autant qu'il est possible, le mettre à l'abri des erreurs & des fautes de tous les ministres, de tous les agents auxquels le souverain d'un grand empire est dans la nécessité de se confier.

Tel est expressément le desir, le vœu personnel de Sa Majesté. Et, (me sera-t-il permis de le dire en sa présence ?) jamais prince ne fut porté davantage par son caractere, ses mœurs & ses vertus, au maintien de l'ordre & d'une sage économie : & cependant il a vu son repos & son bonheur troublés par la dégradation de ses finances. Sans doute la guerre, dans laquelle il a été entraîné par des circonstances particulieres & par le vœu national, a contribué principalement aux embarras des affaires ; mais ce vœu national lui-même eût été plus éclairé, si l'on avoit eu une connoissance qu'on aura dorénavant, celle de la mesure & de la nature des ressources, celle des inconvénients attachés aux grands besoins d'argent. Que de maux seront prévenus, que de biens pourront naître d'une instruction générale & constante sur l'état des finances, d'un intérêt intime & commun à leur prospérité, & des soins que vous prendrez, de concert avec S. M., pour donner à l'ordre & à l'accord de toutes les précautions une stabilité durable ! L'assignat particulier de certains revenus à de certaines dépenses, la distinction des dépenses fixes & des dépenses extraordinaires, la publicité annuelle des comptes, leur révision dans une forme convenue, la netteté de ces comptes, les précautions, les réserves qui pourront s'accorder avec la dignité royale & l'action nécessaire du service public, enfin, tout ce qui pourra constituer d'une maniere sage & durable la confiance publique & le bien de l'état ; S. M. vous invite à en faire l'étude & la recherche, & elle écoutera favorablement les représentations qui lui seront faites & les indications qui lui seront données sur cette grave & importante matiere.

Réunissons-nous, Messieurs : le roi le permet ; réunissons-nous pour arranger les choses de telle maniere que l'homme le plus ordinaire soit en état à l'avenir de gouverner les affaires du trésor royal, & que l'homme le plus habile ne soit jamais dangereux.

Lorsque vous aurez examiné, Messieurs, la situation des finances dans son ensemble & dans ses divisions principales, & ensuite, si vous le voulez, dans ses plus petits détails, vous vous hâterez sûrement de concourir aux moyens qui peuvent introduire un parfait équilibre entre les revenus & les dépenses fixes ; car, ainsi que nous l'avons déjà montré, plus cet équilibre sera retardé & plus le mal fera de progrès ; car le déficit exige des emprunts : leurs intérêts augmentent le déficit ; & le prix de ces intérêts s'accroît avec la multiplication des emprunts.

Vous verriez d'une maniere évidente la preuve de ces vérités, si l'on formoit le recueil de tous les moyens dont on a fait usage pour subvenir en divers temps aux besoins de l'état.

Je ne puis m'empêcher de m'arrêter un moment sur un principe consacré, dit-on, dans les instructions de plusieurs bailliages. Les arrangements de finance, le consentement aux dispositions nécessaires pour y rétablir l'ordre, sont indiqués comme un objet secondaire, & qui doit être précédé de toutes les concessions & de toutes les assurances de la part du roi, qui peuvent satisfaire le vœu de la nation. De telles conditions n'arrêteront point le cours des affaires, puisque vous ne demanderez rien, sans doute, qui ne soit conforme à la raison, & que personne dans l'état ne veut plus le bonheur des François que notre auguste monarque; mais vous n'oublierez pas, en même temps, que les besoins des finances ne sont pas distincts des vôtres, que c'est proprement une seule & même chose, puisque les dépenses qui servent à la défense & à la police du royaume, celles qu'exige la justice due aux créanciers de l'état, celles qu'entraînent les récompenses décernées à des services réels, celles même que demande l'éclat du premier trône de l'Europe, toutes ces dépenses & d'autres encore concernent la nation comme le monarque.

Enfin, Messieurs, & il est bon de vous le faire observer afin que vous aimiez encore davantage votre auguste monarque, ce n'est pas à la nécessité absolue d'un secours d'argent que vous devez le précieux avantage d'être rassemblés par S. M. en états-généraux. En effet, le plus grand nombre des moyens qui vous ont été présentés comme propres à combler le déficit, a toujours été dans la main du souverain. Il est vrai que plusieurs des impôts actuels exigent depuis long-temps un renouvellement à de certaines époques; mais si l'embarras des finances se fût borné à ce renouvellement, personne ne l'eût compté au nombre des difficultés réelles; & en supposant, si l'on veut, des contrariétés invraisemblables, combien de ressources ne seroient pas restées à l'autorité, si le roi, uniquement inquiet de la situation de ses finances, eût voulu suivre la route que plusieurs de ses prédécesseurs lui avoient tracée, & s'affranchir, en tout ou en partie, de différentes charges dont la libération eût augmenté considérablement la richesse du trésor royal! Vous en jugerez de même, Messieurs, si vous faites attention que dans le compte des dépenses fixes, il reste encore :

1°. 29 millions en pensions.

2°. 8 à 10 millions en traitements militaires & civils, tous susceptibles de diminution, ne fût-ce qu'en se laissant aller jusqu'à cette extrême rigidité, où ceux qui ont des emplois préfèrent la réduction la plus rigoureuse à la perte de leur état.

3°. 7 millions environ en remises accordées aux provinces & aux contribuables; remises nécessaires au soulagement des peuples, mais qui sont toujours, aux termes des lois, un don libre du souverain.

4°. Je ne parle pas de la faculté que le roi auroit eue d'assujettir à une retenue quelconque la totalité des rentes ou des intérêts dont l'état est grevé; mais je fais observer seulement qu'on a imposé autrefois un dixieme sur tous ces payements, sans éprouver aucun obstacle, sans exciter aucun trouble; & une pareille opération eût soulagé les finances du roi de près de 20 *millions* par an.

5°. Je ne fais pas entrer dans cet apperçu les sommes destinées volontairement à des actes de bienfaisance, puisqu'un roi qui renonceroit au pouvoir de secourir les malheureux, perdroit le plus bel apanage & la plus grande jouissance de la souveraineté.

Enfin, si le crédit s'étoit rétabli, le roi auroit trouvé dans l'extinction annuelle de 1500 mille livres de rentes viageres, le moyen d'emprunter & de dépenser 20 ou 30 millions tous les ans, sans altérer les rapports entre les revenus & les dépenses ordinaires.

Ainsi, tandis que la France, tandis que l'Europe entiere attribuent la convocation des états-généraux à la nécessité absolue, au besoin inévitable d'augmenter les impositions, on voit par ce résumé précis, qu'un roi, jaloux uniquement de son autorité, auroit trouvé, dans les retranchements soumis à sa puissance ou à sa volonté, un moyen de suffire aux circonstances, & de se passer de nouveaux tributs.

C'est uniquement en temps de guerre que les embarras de finance surpassent l'étendue des ressources ou des expédients de tout genre dont on pourroit faire usage, & dont les regnes précédents ont donné l'exemple. Il faut pendant la guerre un crédit immense, & ce crédit ne se commande point; mais au milieu de la paix, un roi de France qui se permettroit d'exécuter tous les retranchements de rentes, d'intérêts, de pensions, d'appointements, d'encouragements, de secours, de remises, & d'autres dépenses de ce genre, dont le tableau de ses finances lui donneroit l'indication, ne se trouveroit jamais environné de difficultés d'argent qu'il n'eût la puissance de franchir.

C'est donc, Messieurs, aux vertus de S. M. que vous devez sa longue persistance dans le dessein & la volonté de convoquer les états-généraux du royaume. Elle se fut tirée,

rée, sans leurs secours, de l'embarras de ses finances, si elle n'eût mis un grand intérêt à maintenir les droits de la propriété, à conserver les récompenses méritées par des services, à respecter les titres que donne l'infortune, & à consacrer enfin tous les engagements émanés des souverains d'une nation fidelle à l'honneur & à ses promesses.

Mais S. M., constamment animée par un esprit de sagesse, de justice & de bienfaisance, a considéré dans son ensemble & sous le point de vue le plus étendu, l'état actuel des affaires publiques; elle a vu que les peuples, alarmés de l'embarras des finances & de la situation du crédit, aspiroient à un rétablissement de l'ordre & de la confiance qui ne fût pas momentanée, qui ne fût pas dépendant des diverses vicissitudes dont on avoit fait l'épreuve. S. M. a cru que ce vœu de la nation étoit parfaitement juste; & desirant d'y satisfaire, elle a pensé que, pour atteindre à un but si intéressant, il falloit appeler de nouveaux garants de la sécurité publique, & placer, pour ainsi dire, l'ordre des finances sous la garde de la nation entiere. C'est alors, en effet, qu'on cessera de rapporter le crédit à des circonstances passageres; c'est alors que les inquiétudes sur l'avenir ne troubleront plus le calme & la tranquillité du présent; c'est alors que chacun s'estimera riche de tout ce qu'il possede en créances sur le roi & sur l'état; c'est alors que les propriétaires innombrables de toutes les portions de la dette publique seront en repos sur leur fortune, & se trouveront disposés à venir au secours de la France, quand ses dangers pourront le demander.

Ainsi, Messieurs, la connoissance positive & indispensable de la véritable situation des finances, l'établissement de l'ordre, la certitude de sa permanence, auront des effets incalculables. Qui seroit assez inconsidéré pour se priver de l'intérêt de ses fonds, quand cet avantage ne seroit acheté par aucune inquiétude? Cependant cette simple détermination, si elle avoit lieu dans un royaume tel que la France, dans un royaume propriétaire bientôt de deux milliards & demi d'argent monnoyé, produiroit le mouvement le plus prospere. Des capitaux immenses soigneusement renfermés, des capitaux semblables en ce moment aux murs & à l'airain qui les environnent, ces capitaux viendroient, par un heureux retour, enrichir la circulation, & grossir au milieu de nous ce flot de la richesse publique. Et qu'on se figure l'époque, peut-être peu éloignée, où l'exactitude des payements, la rareté des emprunts, leur cessation absolue & l'action salutaire d'une caisse d'amortissement, réduiroient l'intérêt à quatre pour cent, & forceroient à considérer ce prix comme le seul auquel on doit aspirer. Alors non-seulement les finances de l'état s'amélioreroient par la réduction libre des intérêts les plus onéreux ; mais un effet plus important, c'est qu'une diminution générale dans le produit des fonds publics, rendroit des sommes considérables au commerce & à l'agriculture, & leur procureroit, sans effort, les secours les plus nécessaires, l'encouragement le plus efficace. Que l'on compare à tant d'effets salutaires, que l'on compare à tant d'avantages, le bénéfice qui résulteroit d'un rabais injuste sur les rentes légitimement dues, & l'on verra promptement laquelle des deux politiques mérite la préférence. C'est ainsi, je dois le dire encore ; c'est ainsi que la fidélité des engagements, c'est ainsi que la justice des rois entraînent une multitude de dépendances, qui toutes ont une intime relation avec la durée & la prospérité des empires. Et sans ce principe de droiture qui doit servir de guide dans toutes les déterminations, un prince, une nation même ne pourroient suffire à l'administration des affaires publiques ; alors, à chaque instant, on chercheroit sa route, on iroit en avant, on retourneroit sur ses pas, on s'égareroit en circuits, & l'on se trouveroit insensiblement dans un labyrinthe de doutes & d'incertitudes. Oui, tout est personnel, tout est séparé, tout est exception quand on abandonne ces deux grandes généralités, la morale publique & la morale particuliere.

Cependant, Messieurs, ce seroit sans doute considérer les états-généraux d'une maniere bien limitée, que de les voir seulement sous le rapport de la finance, du crédit, de l'intérêt de l'argent & de toutes les combinaisons qui tiennent immédiatement aux revenus & aux dépenses. On aime à le dire, on aime à le penser : ils doivent servir à tout, ces états-généraux ; ils doivent appartenir au temps présent & aux temps à venir ; ils doivent, pour ainsi dire, observer & suivre les principes & les traces du bonheur national dans toutes ses ramifications ; ils doivent, après avoir bien connu les principes de ce bonheur, s'appliquer à la recherche des moyens qui peuvent l'effectuer & le rendre solide. Un vaste champ est encore en friche ; mais par-tout il promet des fruits salutaires. Quel pays offrit jamais plus de moyens de prospérité ! quel pays fit jamais naître plus d'encouragements

& plus d'espérances! La douce & bienfaisante température du climat; un sol fécond & varié dans ses bienfaits; des rivieres navigables, qui facilitent toutes les communications; des ports, qui dominent les deux mers; des colonies, plus riches & plus fertiles que celles de toutes les autres nations; des manufactures particulieres, des établissements de diverse nature dans l'intérieur du royaume; des François, enfin, c'est-à-dire des hommes exercés à tous les genres de travaux, & propres à toutes les tâches que le génie & la gloire peuvent imposer, aux arts polis de la paix & aux fatigues de la guerre, au commerce & à la navigation, aux pénibles labeurs de l'agriculture & aux studieuses recherches des sciences. Que de matériaux, que d'instruments réunis pour élever un royaume au plus haut degré de postérité! & quel moment encore est choisi, dans la route des siecles, pour appeler la nation entiere à construire, à affermir le majestueux édifice du bonheur public! C'est à une époque où les lumieres générales paroissent s'être approchées du dernier terme de leur perfection; c'est à une époque où les préjugés, où les restes d'une ancienne barbarie ne tiennent plus que par des liens usés, affoiblis & tout prêts à se rompre; c'est à une époque où l'univers entier semble demander à la France, pour l'honneur & la gloire de l'humanité, un noble & grand emploi des rares & singuliers avantages dont elle est l'unique dépositaire; c'est à une époque enfin, où, par un bonheur inappréciable, l'on voit assis sur le trône antique & révéré des monarques François, un prince que le ciel paroît avoir désigné pour favoriser les efforts du génie national & de l'esprit de patrie. Il peut appeler les représentants de ses sujets pour venir le seconder dans ses augustes desseins, parce qu'il a une idée juste de la véritable grandeur, parce qu'il sait, parce qu'il sent que la gloire du monarque & le bonheur de ses peuples sont inséparables, & que l'éclat d'un regne s'accroît par la splendeur du siecle où il se trouve placé.

Enfin, les ministres du souverain se trouvent en ce moment d'un caractere sage & tempéré; ils ne sont égarés par aucun systême, ils ne sont emportés par aucune idée prédominante, & ils s'estiment heureux de servir sous un roi qui ne sépare pas ses intérêts de ceux de la nation.

Que leur falloit-il donc de plus, diroient un jour les races futures, si nous perdions de si favorables circonstances? que leur falloit-il donc de plus pour fonder les bases du bonheur public & d'une inébranlable prospérité ? Ah ! pensez-y bien, Messieurs : il est un concours d'événements qui ne se retrouve jamais ; mais, pour en profiter, adoptez un esprit de mesure & de sagesse ; voyez un grand but, & n'en détournez jamais vos regards ; réunissez-vous autour de l'autel du bien public, afin de vous écarter de ce dangereux foyer de prétentions rivales, qui vous détourneroient d'un culte plus digne de vous ; échangez les petits intérêts particuliers contre cette grande & majestueuse part à l'intérêt universel ; faites que le titre de François vous vaille plus de gloire & plus de profit que celui d'habitant d'une telle province, d'un tel bailliage ou d'un tel ressort. Enfin, Messieurs, j'oserai vous le dire ; car des hauteurs de la raison l'on n'est étonné par aucun spectacle, on n'est affoibli par aucun ascendant, on n'est subjugué par aucun empire : j'oserai donc vous le dire, vous serez responsables envers le roi, vous le serez envers la nation, vous le serez envers la postérité, vous le serez peut-être envers le monde entier, si vous ne vous livrez pas sans réserve à la recherche impartiale du bonheur public, si vous ne déposez pas pour quelque temps les particularités qui vous séparent, pour vous livrer sans partage à ces grands intérêts qui vous appellent. Vous les retrouverez de reste quand vous le voudrez, ces distinctions ou ces séparations qui mettent les citoyens en opposition les uns avec les autres, en raison de leur état & de leur naissance. On n'a garde de vous inviter à les oublier entiérement ; elles entrent même dans la composition de l'ordre civil ; elles forment cette chaîne si nécessaire pour la regle & la subordination de tous les mouvements de la société : mais on doit suspendre pour un temps ces considérations rivales ; & si quelque chose peut en adoucir l'aspérité, c'est de n'y revenir qu'après s'être occupé long-temps en commun de la chose publique.

Mais, Messieurs, quelle diversité d'objets s'offriront de toutes parts à votre considération ! l'esprit en est effrayé, même en se bornant aux branches d'administration qui ont une connexion avec les finances. Peut-être à cette tenue ne voudrez-vous en prendre qu'une idée générale, en vous réservant d'y revenir, lorsque d'une ou d'autre maniere vous aurez réuni tous les renseignements qui vous sont nécessaires, & que du sein même de votre assemblée vous aurez préparé les voies aux instructions & aux examens les plus propres à captiver votre confiance.

Le roi vous considérant, Messieurs, comme associés dès ce moment à ses conseils, écoutera non-seulement avec attention & avec intérêt toutes les ouvertures & les propositions qui lui viendront de votre part; mais S. M. vous fera communiquer encore toutes les idées qui lui paroîtront mériter votre examen: c'est par un concert absolu entre le gouvernement & cette auguste assemblée, que les affaires du roi & de la nation seront mieux traitées & mieux entendues, & que l'on approchera plus sûrement de l'heureux terme auquel il faut tendre. Assez de difficultés, prises dans les choses mêmes, viendront éprouver votre courage & le rendre nécessaire; il faut au moins que vous receviez des ministres du roi toute l'aide que vous pourrez desirer, & que vous trouviez en eux le concours dont vous croirez avoir besoin.

Et puisque, dans un grand ensemble & dans une complication d'affaires infiniment variées, c'est par la méthode que l'on fait route plus promptement, il ne sera pas inutile de vous rendre compte de l'idée que S. M. a conçue de l'ordre de vos examens & de vos recherches. Le gouvernement est bien loin de vouloir vous tracer aucune marche; mais il a eu besoin lui-même de s'en former une idée, afin de faire recueillir les divers renseignements que vous pourriez demander.

Il semble, Messieurs, qu'en allant en avant dans la recherche du bien de l'état, vous devez, pour hâter vos travaux & perdre le moins de temps possible en vaines tentatives, diviser les objets de vos réflexions en deux classes; l'une rassembleroit les améliorations qui dépendent nécessairement des délibérations de la nation entiere, représentée par ses députés aux états-généraux; l'autre comprendroit les bonifications qui doivent être exécutées par l'administration particuliere de chaque province.

Le Roi, dans le seul dessein de rendre votre travail plus facile, m'a commandé de vous donner un premier indice de ces deux divisions.

## Premiere Classe.

### *Améliorations qui appartiennent aux délibérations des Etats-Généraux.*

I.

On eût indiqué d'abord les dispositions relatives à l'ordre des finances, si cette matiere ne venoit pas d'être traitée avec étendue. Quel objet peut en effet intéresser davantage la nation entiere, que cet ordre & ce juste rapport entre les besoins & les ressources de l'état ? C'est d'un pareil accord que naissent la tranquillité générale & la certitude de n'être pas appelé sans nécessité à faire le sacrifice d'une portion de sa fortune ; c'est d'un pareil accord aussi que naissent la confiance intérieure & le ménagement des moyens qui étendent au dehors la force & la puissance de l'état.

II.

On doit mettre encore au premier rang parmi les améliorations qui intéressent tous les habitants du royaume, l'établissement des principes qui doivent assurer une égale répartition des impôts, & je distingue ici les principes de leur application. Les principes appartiennent à la délibération des états-généraux, & l'application de ces principes regarde l'administration particuliere de chaque province. Il faut le concours de la nation, il faut toute la force législative pour déterminer qu'il n'y aura désormais aucune distinction pécuniaire entre les divers ordres de l'état, & qu'on abolira pour toujours jusqu'au nom des impôts qui conserveroient les vestiges d'une désunion dont il est si pressant d'effacer la mémoire. Mais le principe une fois admis, c'est à l'administration de chaque province qu'il faut s'en rapporter pour apprécier l'étendue, diverse en chaque lieu, de la taille personnelle & de la capitation taillable, & pour faire choix des moyens les plus convenables de convertir ces impôts dans un autre genre de contribution.

On a fait des recherches pour arriver à connoître diftinctement l'étendue respective de la taille purement territoriale & de la taille personnelle ; mais ces informations sont difficiles à acquérir, parce que, dans plusieurs provinces, la portion de taille que supporte un colon en raison de sa propriété territoriale, se trouve confondue dans le même article avec celle qui lui est imposée en raison de son industrie ou de sa fortune mobiliere. Il est des détails dont une assemblée nationale peut difficilement prendre connoissance avec certitude & précision. Ainsi, comme on vient de le dire, lorsque vous aurez consacré le principe général, vous penserez sans doute que l'application exacte de ce principe doit appartenir à l'administration particuliere de chaque province.

Les différences d'impôts dans les pays de droit écrit, n'entraînent aucune distinction humiliante. Le noble propriétaire d'un bien roturier paye toutes les taxes affectées à ce genre de possessions, & le bourgeois propriétaire d'un fief jouit de toutes les exemptions attachées à ce sol privilégié. L'inconvénient de ces distinctions n'est donc que dans l'inégalité du fardeau supporté par les divers fonds de terre ; & la difficulté de rétablir la parité, dérive du préjudice réel que souffriroient les possesseurs de biens nobles, ces biens ayant été acquis & comptés dans les partages de familles pour un capital proportionné aux prérogatives qui leur étoient assurées. On ne pourroit donc détruire entierement ces distinctions à l'égard des propriétaires laïques, sans admettre, sans chercher du moins en même temps un systême de compensation ou d'indemnité. Ces réglements dissemblables sont vicieux dans l'ordre politique, puisqu'ils jettent sur une seule partie des terres tout le poids des impositions ; mais cette réflexion doit être balancée avec les égards dûs aux droits de propriété. Les lois de la justice sont aussi un patrimoine commun, & chacun a droit de réclamer leur appui. Ce n'est donc pas sous de simples rapports d'administration, qu'une si grande question peut être jugée ; il sembleroit même qu'elle devroit appartenir aux délibérations particulieres de chaque province, si l'on ne prévoyoit pas que les états-généraux seront appelés à intervenir dans cette importante question, & si l'état pris collectivement n'étoit pas intéressé à maintenir dans toutes les provinces le plus d'égalité possible dans la répartition des impôts, afin que chaque partie du grand ensemble jouisse de toutes ses forces, & puisse ainsi concoutir, dans une même proportion, aux divers besoins du royaume.

## III.

UNE répartition plus équitable des impôts entre toutes les provinces, ne peut être soumise qu'à l'examen & aux délibérations de la nation entiere assemblée en états-généraux. Il faut, pour se former une juste idée des disproportions qui existent aujourd'hui, acquérir une connoissance exacte de la somme contributive de chaque province, & s'instruire des exceptions & des franchises dont quelques-unes d'entr'elles sont en possession. Il faut ensuite, pour juger sainement du degré de justice ou de convenance de ces différentes inégalités, avoir une notion certaine de l'étendue & de la population de chaque province, & il faut examiner les diverses circonstances qui augmentent ou restreignent leurs ressources.

On mettra sous vos yeux, Messieurs, un tableau général de la population, de l'étendue & des contributions de chaque généralité : on vous fera connoître aussi les immunités dont jouissent plusieurs provinces ; mais la réunion de vos lumieres formera, sans contredit, la meilleure des instructions relativement aux avantages ou aux désavantages respectifs de toutes les parties du royaume.

Vous considérerez, Messieurs, si c'est à une premiere tenue des états-généraux qu'il convient de chercher à établir plus d'égalité entre les contributions de chaque province. Vous observerez, sans doute, que plusieurs de ces inégalités dérivent d'anciens titres constitutifs ; & vous vous trouveriez nécessairement engagés dans plusieurs contestations difficiles & délicates, si vous vouliez, dès cette premiere assemblée, adopter une regle de proportion plus conforme aux principes généraux de l'équité. Ainsi, vous croirez peut-être plus sage de vous en tenir aujourd'hui à l'examen des circonstances élémentaires qui pourront servir à remplir dans un autre temps le but auquel vous desirez de parvenir. Ce qu'il faut, avant tout, pour élever le grand édifice du bonheur public, c'est de la paix & de la concorde. Ainsi, les amis de ce bonheur doivent renvoyer à d'autres époques les idées de perfection & même de justice dont l'application ne pourroit se faire sans exciter de vives réclamations. Assez d'autres sujets d'ombrage & de défiance séparent

séparent aujourd'hui les esprits ; il ne faut pas, pour se hâter de mettre la derniere main à un systême général, ouvrir des discussions dangereuses. Les améliorations de tout genre arriveront d'elles-mêmes à l'aide du temps, & il faut, avant tout, consolider le terrain sur lequel on veut bâtir.

Les mêmes observations, sans doute, ne sont pas applicables à l'établissement de l'égalité des répartitions entre les particuliers contribuables ; cette égalité est sollicitée depuis long-temps par la plus nombreuse partie de la nation. Les deux ordres privilégiés ont déjà fait éclater de toutes parts les sentiments de justice & d'équité qui les animent, & le projet qu'ils ont formé de renoncer volontairement aux avantages pécuniaires dont ils jouissent.

J'ajouterai qu'une décision sur l'égalité de la répartition entre les contribuables, bien loin d'être à craindre dans ce moment, comme le seroit peut-être une discussion sur les charges respectives de chaque province, deviendroit sûrement une source précieuse d'harmonie. La parité une fois établie entre les sacrifices pécuniaires des différents ordres, combien de difficultés s'applaniroient ! Il ne faut qu'une seule cause d'ombrage & de rivalité pour fortifier & rassembler tous les prétextes d'opposition ; mais aussitôt que le principal motif d'éloignement est détruit, on n'apperçoit, on ne sent plus que les raisons diverses qui doivent porter à se rapprocher & à s'unir.

## I V.

Il est des impôts qui peuvent être modifiés différemment dans chaque province, sans qu'il en résulte aucun préjudice pour le reste du royaume ; tels sont les aides & tous les droits purement locaux, & l'on peut s'en remettre aux délibérations de chaque province, sur la maniere de réformer ou de changer ces sortes de contributions, sous la seule condition importante pour l'état de faire verser la même somme au trésor royal. Mais il est des impôts dont le produit s'évanouiroit ou s'affoibliroit considérablement, si l'on dérangeoit partiellement les lois auxquelles leur recouvrement est assujetti. Que dans une des provinces assujetties aujourd'hui à la gabelle ou à la vente exclusive du tabac, on voulût se soustraire à ces impôts en les remplaçant par quelqu'autre, une telle disposition ne pourroit avoir lieu d'une maniere isolée, sans blesser l'intérêt général. En effet, la faculté qu'auroit une nouvelle province de vendre à bas prix les denrées dont la vente privilégiée constitue une des ressources de l'état, nuiroit essentiellement aux revenus du roi, à moins qu'avec beaucoup de dépenses, & à force de gardes & de lois fiscales, on ne parvînt à séparer cette même province du reste du royaume. C'est du mélange des pays francs & des localités soumises à l'impôt, que naît une source intarissable de fraudes & de contrebandes; & il résulte de ces observations que les changements & les modifications applicables à certains droits généraux, doivent être préparés & convenus dans l'assemblée nationale.

J'ai cité, parmi ces droits, les impôts établis sur le sel & le tabac; mais ceux qui perçoivent aux frontieres du royaume sont soumis au même principe. Les obstacles, apportés à l'entrée & à la sortie de quelques marchandises, deviennent nuls quand ils ne sont pas généraux; ou bien on se trouve obligé d'établir des barrieres entre les provinces intérieures & celle qui trafique librement avec l'étranger.

Les droits imposés sur certaines fabrications doivent encore être soumis à des regles uniformes, puisque toute exemption accordée à une province en particulier, lui donneroit sur les autres un avantage qui écarteroit leur concurrence.

La diversité des droits sur les actes n'est pas aussi préjudiciable au revenu du roi que les autres disparités dont on vient de parler, car on ne peut jouir de la modération de ces droits dans un lieu particulier, sans s'y transporter personnellement. Cependant la communication de proche en proche rendroit toujours préjudiciable aux revenus du fisc, la disparité des droits sur les transactions; & sous ce rapport, leur uniformité devient intéressante pour l'état.

Ces divers exemples suffisent pour faire connoître qu'il est des impôts dont la réforme ou les changements doivent appartenir à la délibération d'une assemblée nationale, tandis que la modification de certaines contributions peut être soumise, sans aucun inconvénient, à l'administration particuliere de chaque province.

On a préparé, Messieurs, des renseignements & des mémoires sur toutes les parties d'impôts qui pourront occuper l'intérêt & l'attention des états-généraux. Ainsi, l'on n'entrera pas ici dans des explications plus étendues.

V.

Le plus grand nombre des questions & des réglements de commerce sont du ressort de l'assemblée commune de la nation, car les mêmes principes doivent fixer les relations & les connexions de la France avec les pays étrangers, favoriser également l'industrie dans toutes les provinces, & affranchir le génie national des entraves qui peuvent arrêter ses efforts.

Il est une grande délibération relative au commerce François, qui pourra fixer plus particulierement votre attention; c'est l'examen des avantages d'une compagnie exclusive pour exercer le commerce au-delà du Cap de Bonne-Espérance. On a tellement varié d'opinions & de principes sur cette question, & il est résulté tant d'inconvénients de ces vacillations, que Sa Majesté a cru devoir différer de donner une derniere décision jusqu'à ce qu'elle eût été éclairée par les avis des représentants de la nation. Une détermination prise à la suite d'une consultation si authentique, aura du moins l'avantage de fixer pour toujours la marche du commerce, & de prévenir les doutes & les incertitudes qui rendent cette marche craintive, & en arrêtent les progrès. Le roi a donc ordonné, Messieurs, qu'on recueillît les mémoires propres à vous éclairer sur cette importante question, & qu'on vous les remît au moment où vous pourrez vous en occuper; mais dans toutes les suppositions, vous penserez sûrement, Messieurs, que la plus exacte justice doit être observée envers les actionnaires.

Il est un autre établissement public très-important & très-connu, dont le roi desire que vous preniez connoissance, afin que votre sanction donne à cet établissement un nouveau degré de force & de solidité; je veux parler de la caisse d'escompte. Cet établissement n'existe encore que sous l'autorité des arrêts du conseil; mais son utilité, généralement avouée, l'a soutenu, l'a agrandi, & l'a mis en état de résister aux divers chocs occasionnés par les révolutions successives du crédit public. La caisse d'escompte est une fondation particuliere, & qui, pour remplir son objet, a besoin d'être indépendante; mais, comme sa faveur & sa consistance dépendent de l'opinion publique, les administrateurs de cet établissement desirent eux-mêmes d'en faire connoître toutes les particularités aux états-généraux, & de trouver, dans l'approbation & la ſanction de cette aſſemblée, un nouvel encouragement & un nouvel appui. Ils s'empreſſeront donc de mettre ſous vos yeux tous les éclairciſſements & toutes les connoiſſances que vous deſirerez; & il n'eſt pas douteux qu'un examen attentif, de votre part, n'augmente la confiance due à un pareil établiſſement: mais, comme ſes relations, directes ou indirectes, avec les opérations publiques ſont inévitables, ſa grande force réſultera de l'ordre général & indeſtructible qui ſera introduit & maintenu dans les finances du roi.

Les cauſes de l'agiotage, dont on a ſenti pendant quelque temps les dangereux effets, fixeront peut-être auſſi votre attention. Cet agiotage eſt très-peu remarquable en ce moment, & vous obſerverez facilement que ſon action ſe développe, ſur-tout lorſqu'on n'apperçoit aucune ſtabilité dans les principes de l'adminiſtration, & lorſque le public tenu dans l'ignorance, & incertain dans ſes jugements, devient plus aiſément ſuſceptible d'eſpérances ou d'alarmes exagérées. Aucune de ces cauſes d'agiotage ou de vacillations fréquentes dans le prix des fonds publics ne ſubſiſtera, lorſque les rapports entre les revenus & les dépenſes de l'état ſeront univerſellement & conſtamment connus, & lorſque ces rapports devenus invariables, chacun pourra ſe faire une idée juſte de la valeur & de la ſureté de la dette publique. C'eſt alors qu'inſenſiblement il s'établira une opinion inébranlable, contre laquelle les fauſſes inſinuations des agioteurs deviendront impuiſſantes.

Vous verrez encore, Meſſieurs, en étudiant la queſtion des fonds publics, qu'ils ſont diviſés en un trop grand nombre de dénominations, & que la ſomme de ceux payables au porteur, eſt trop conſidérable: il y auroit de la convenance à en réunir une grande partie ſous un ſeul titre, & à les convertir dans un papier facilement négociable, mais qui ne fût pas au porteur. Cependant, comme les changements de ce genre peuvent, pendant un temps, influer déſavantageuſement ſur le prix des fonds, vous croirez peut-être plus convenable de renvoyer cette diſpoſition à l'époque où les fonds publics portant cinq pour cent d'intérêt, ſe vendroient au pair; & il dépend de la ſageſſe de vos meſures, qu'une telle époque ne ſoit pas éloignée.

## V I.

L'EXAMEN du parti que l'on peut tirer des domaines

de la couronne, & le choix des dispositions qu'il seroit juste d'adopter à l'égard des domaines engagés, seront encore un objet digne de la plus sérieuse considération. Les domaines réels qui restent entre les mains du roi, si l'on en excepte les forêts, se montent aujourd'hui à une somme très-modique : leur produit annuel se réduit à environ seize cents mille livres, & la majeure partie est située en Lorraine.

On vous fera connoître ces domaines en détail, & l'on mettra sous vos yeux les divers moyens qu'on propose pour les rendre plus utiles. Vous voyez, Messieurs, que le roi, en s'occupant des intérêts de l'état, ne distingue point les revenus particuliers de ses domaines, de ceux qui dérivent des contributions publiques. Le roi ne veut connoître, le roi ne veut aimer qu'un seul de ses titres, celui de pere & de protecteur de ses peuples.

Vous étendrez, Messieurs, vos réflexions sur le produit & l'administration des forêts ; & si vous pensez que cette partie des revenus du roi doit être soignée partiellement, vous approuverez probablement l'intention où est Sa Majesté de se concerter avec les états particuliers de chaque province, pour s'aider de leurs lumieres & de leur surveillance, & pour lier, de quelque maniere, l'intérêt de ces provinces à l'accroissement des produits de la partie des forêts du roi situées dans leur arrondissement.

La question générale des domaines engagés, la détermination des principes qu'il est nécessaire d'adopter à cet égard, présentera peut-être le sujet de discussion le plus difficile. On vous remettra, Messieurs, les divers arrêts du conseil, rendus sur cette matiere ; on vous instruira des dispositions qui ont été faites en conséquence : les unes ont eu un commencement de succès ; les autres ont été contrariées dès l'origine. Vous examinerez cette importante affaire ; & votre opinion aura du moins le grand avantage d'affermir, une fois pour toutes, la marche de l'administration, ou de l'engager à cesser des recherches, dont les résultats ont été si souvent & si vainement présentés comme une ressource indéfinie. On reproche au gouvernement d'y renoncer, quand il ne fait pas valoir les principes rigoureux du domaine ; on lui reproche sa sévérité, quand il exerce ces mêmes droits ; &, au milieu de beaucoup d'exagérations, de beaucoup de critiques injustes, la marche de l'administration devient incertaine & timide.

Vous pourriez, Messieurs, fixer pour toujours ses doutes, & le roi écoutera vos conseils avec la confiance due à la réunion de vos lumieres, & à la garantie du vœu national que vous seuls pouvez donner légitimement.

## V I I.

La grande question du commerce des grains attirera sûrement vos plus sérieuses réflexions. Fut-il jamais de circonstances où cette question se soit présentée sous un aspect plus grave & plus important? Nous avons vu, dans le cours de cette annee, la liberté la plus indéfinie rendue légale; nous avons vu cette liberté encensée de toutes parts, &, peu de temps après, la prévoyance de Sa Majesté l'a déterminée à défendre l'exportation; prévoyance salutaire, & sans laquelle on ne peut déterminer quel eût été l'excès de nos malheurs. Elle n'a pas suffi, sans doute, pour prévenir la cherté des grains, pour calmer les alarmes, pour arrêter les murmures du peuple, & pour le défendre, en beaucoup d'endroits, des angoisses inséparables de la disette. Cependant S. M. ne s'en est pas fiée aux efforts des négociants & à la protection incertaine de l'intérêt particulier: chacun malheureusement, chacun fuit le commerce des grains, lorsque les hauts prix amenent le trouble & la défiance. Le roi a donné des primes d'encouragement; le roi a obtenu des permissions pour extraire des blés de Sardaigne, de Sicile & des états du Pape: le roi a fait venir à ses frais & à ses risques, une quantité considérable de grains & de farines: & si, à force de soins & de secours, S. M. a pu suffire jusqu'à présent aux besoins les plus pressants, besoins généraux, cette année, dans son royaume. Elle n'a pu se préserver des plus grandes inquiétudes. Ces inquiétudes se sont mêlées aux difficultés sans nombre de la convocation des états-généraux; elles se sont mêlées aux embarras journaliers du trésor royal; enfin, elles se sont réunies aux ménagements sans-fin qu'exigeoient les circonstances. Jamais année n'a multiplié tant de traverses, & n'a semé tant d'obstacles sur la route de l'administration. On parle d'honneur, on parle de gloire pour vous encourager & vous soutenir: ah! dans de certaines crises, & au milieu de ses travaux & de ses peines, le sentiment de la part des autres, dont un ministre a le plus de besoin, c'est de compassion & de pitié. Cependant, Messieurs, ce sont les blés, ce sont les craintes sur la mesure des approvisionnements nécessaires à la subsistance de ses peuples, qui préoccupent impérieusement la pensée du souverain. L'expérience semble avoir démontré qu'une loi générale & conſtante, ſoit en faveur d'une liberté parfaite, ſoit en oppoſition à ce ſyſtême, expoſe à de grands inconvénients & à de ſéveres conſéquences. Mais les combinaiſons, la prudence de l'adminiſtration doivent-elles être votre ſeul garant ? C'eſt au gouvernement à deſirer avec ardeur que vous puiſſiez trouver une autre caution, & c'eſt à lui de vous inviter à chercher un réglement, une inſtruction, une aſſociation au moins à ſes peines & à ſes inquiétudes, qui allege le fardeau dont il eſt oppreſſé, lorſqu'il ſe voit dans la dure obligation de lutter contre des circonſtances ſouvent invincibles, & de répondre néanmoins à l'attente de tous ceux qui conſiderent les ſoins de l'adminiſtration comme une ſauvegarde indéfinie.

## VIII.

Le tirage de la milice, cette loterie de malheurs qui a lieu toutes les années, fixera sûrement votre attention. Il faut que l'état ait des défenſeurs ; il faut qu'il ſoit sûr d'en trouver dans le temps où le royaume eſt en danger ; mais ſi des ſacrifices d'argent ſupportés par l'univerſalité des habitants de la France, pouvoient obvier aux inconvénients des enrôlements forcés, ou en tempérer du moins les ſéveres effets, vous dirigerez ſûrement votre attention vers la recherche d'un point de conciliation ſi deſirable. Le peuble des campagnes vous a remis ſes intérêts : l'humanité ſeule vous eût engagés à les prendre ſous votre garde ; & le tendre pere de tous ſes ſujets, le protecteur le plus ſenſible des malheureux, votre auguſte Monarque vous invite particulierement à rechercher à lui indiquer toutes les diſpoſitions qui peuvent adoucir le ſort de la claſſe la plus infortunée & la plus délaiſſée des citoyens de l'état. Déjà par les ordres exprès du Roi, le département de la guerre s'eſt occupé de l'important objet d'adminiſtration dont on vient de vous parler. S. M. vous fera communiquer les obſervations & les idées qui ont été recueillies, & Elle verra avec ſatisfaction que vous puiſſiez concourir, par vos lumieres, à l'adoption d'un plan raiſonnable & propre à concilier les vues de ſageſſe & de bonté dont S. M. eſt conſtamment animée.

## IX.

C'est à l'honneur du Roi, c'eſt en ſouvenir, c'eſt en

hommage pur & sensible de ses bienfaits, que nous vous rappellerons les maux de la corvée, puisque les chemins, dans presque tout le royaume, sont aujourd'hui entretenus & construits à prix d'argent. Vous aimerez sans doute, Messieurs, à consacrer l'abolition d'un asservissement qui a fait verser tant de larmes. Vous ne voyez plus sur les routes des hommes distraits par force de leurs occupations journalieres, pour venir, sans salaire & sans récompense, frayer & préparer les chemins qui facilitent le transport du commerce, le débit des moissons du propriétaire & la communication des richesses. Le travail qui doit servir à tous, est maintenant payé par tous dans une exacte proportion des différentes facultés. Il n'est pas douteux qu'en raison de cette regle, tel homme de peine à qui l'on demandoit gratuitement, chaque année, sept ou huit jours de son temps, se trouve affranchi de cette dure obligation pour une contribution pécuniaire qui représente à peine la dixieme partie de son ancien sacrifice. Vous êtes encore à temps, Messieurs, d'être associés pour une part aux dispositions bienfaisantes de S. M., puisque vous pouvez l'aider à détruire les dernieres traces de la corvée dans une grande province où elle est conservée; vous réunirez vos vœux au desir déjà manifesté par S. M. pour délivrer le peuple Breton d'un joug auquel il est encore assujetti, & si ces deux mots effrayants, la *taille* & la *corvée*, sont rayés pour toujours des registres de l'administration des finances & du code François, cette seule délibération suffiroit pour signaler honorablement les états-généraux de 1789.

Un jour viendra peut-être, Messieurs, où vous étendrez plus loin votre intérêt; un jour viendra peut-être, où, associant à vos délibérations les députés des colonies, vous jetterez un regard de compassion sur ce malheureux peuple dont on a fait tranquillement un barbare objet de trafic; sur ces hommes semblables à nous par la pensée, & sur-tout par la triste faculté de souffrir; sur ces hommes cependant que, sans pitié pour leurs douloureuses plaintes, nous accumulons, nous entassons au fond d'un vaisseau pour aller ensuite à pleines voiles les présenter aux chaînes qui les attendent. Quel peuple auroit plus de droits que les François à adoucir un esclavage considéré comme nécessaire, en faisant succéder aux maux inséparables de la traite d'Afrique, aux maux qui dévastent deux mondes, ces soins féconds & prosperes qui multiplieroient dans les colonies

colonies même les hommes destinés à nous seconder dans nos utiles travaux? Déjà une nation distinguée a donné le signal d'une compassion éclairée; déjà l'humanité est défendue au nom même de l'intérêt personnel & des calculs politiques, & cette superbe cause ne tardera pas à paroître devant le tribunal de toutes les nations. Ah! combien de sortes de satisfaction, combien d'especes de gloire sont réservées à cette suite d'états-généraux qui vont reprendre naissance au milieu d'un siecle éclairé! Malheur, malheur & honte à la nation Françoise si elle méconnoissoit le prix d'une telle position, si elle ne cherchoit pas à s'en montrer digne, & si une telle ambition étoit trop forte pour elle!

## SECONDE CLASSE.

### *Améliorations qui peuvent être remises à l'Administration particuliere de chaque Province.*

CELLE d'entre vos délibérations, Messieurs, qui est la plus pressante, celle dont l'utilité aura le plus d'influence sur l'avenir, concernera l'établissement des états provinciaux. Ces états, bien constitués, s'acquitteront de toute la partie du bien public qui ne doit pas être soumise à des principes uniformes; & il seroit superflu, Messieurs, de fixer votre attention sur la grande diversité de choses bonnes & utiles qui peuvent être faites dans chaque province, par le seul concours du zele & des lumieres de leur administration particuliere.

On l'a déjà dit: la conversion des aides & de tous les droits locaux dans d'autres moins onéreux, & d'une perception moins dispendieuse, ou la simple modification de ces mêmes droits sont des dispositions qui appartiennent à l'administration de chaque province, puisque ces changements peuvent être exécutés dans un lieu & rejetés dans un autre, sans qu'il en résulte aucun inconvénient.

On doit ranger encore dans la même classe la juste & sage répartition des impositions territoriales & personnelles; la distribution éclairée des soulagements dûs à la misere d'une paroisse ou à la détresse d'un contribuable; l'entretien économe des chemins & la confection des nouvelles routes; la bonne dispensation des travaux qui assurent la subsistance du peuple dans les saisons malheureuses ou dans les temps de calamité ; les encouragements que peut exiger un nouveau genre d'industrie, de commerce ou de culture ; enfin, tant d'autres détails dont la connoissance est aujourd'hui universellement répandue. Ce n'est pas tout cependant, car si les états provinciaux acquierent des droits à la confiance publique, S. M. leur déléguera plusieurs soins, dont ses ministres & celui de la finance, en particulier, ont été chargés jusqu'à présent. On peut mettre dans ce nombre la surveillance des hôpitaux, des enfants-trouvés, des prisons & des dépôts de mendicité, ou plutôt les changements qui paroissent indispensables dans ces différentes parties de l'administration. Les renseignements généraux ne suffisent point, & chaque province semble exiger des exceptions particulieres ; car le naturel des habitants, leur degré d'intelligence & d'activité, le climat, le genre de culture, influent beaucoup sur la maniere de soulager les indigents ou d'en diminuer le nombre. Protéger le pauvre, prévenir sa misere, détruire les penchants vicieux qui la produisent communément, voilà sans doute les caracteres distinctifs d'une excellente institution sociale : mais quand l'administration premiere doit appliquer ces principes aux circonstances particulieres, quand du centre où elle se trouve placée, elle doit étendre ses regards à une prodigieuse circonférence, son attention est trop partagée pour ne pas devenir superficielle ; & cependant il est une multitude de biens, comme nous venons de le dire, dont l'exécution dépend d'une discussion approfondie & d'une application continuelle à lever les moindres difficultés. Le plus petit administrateur d'hôpital au fond d'une province, a plus de ressources pour défendre un abus, qu'un premier ministre du roi de France n'auroit de moyens pour l'extirper. Tout échappe, tout fuit par les détails, quand on n'est pas à la distance nécessaire pour les atteindre. Quels biens ne pourront donc pas faire de états provinciaux ? quels services ne pourront-ils pas rendre à l'humanité souffrante, s'ils inspirent au roi de la confiance dans leur zele & leur activité, & s'ils encouragent S. M. à les associer à la plus précieuse & à la plus douce des fonctions de l'autorité souveraine, la défense & la protection des malheureux ?

Le roi pourroit également se reposer sur eux de l'inspection sur les dépenses des communautés & des villes. Combien de municipalités ne se sont pas endettées, parce que l'administration premiere n'a pu suivre exactement leur gestion ! On apperçoit à chaque instant de quelle utilité pourroit être une action & une censure plus rapprochée de cette multitude d'abus inséparables de l'humanité.

Ce n'est pas ici le moment de se livrer à de plus grands développements ; il est aisé d'appercevoir que pour tous les biens partiels & relatifs à une localité particuliere, les meilleurs intermédiaires que le roi pourroit choisir, ce seroient des administrations dont l'organisation seroit sage & bien ordonnée. Il s'étoit élevé, depuis un temps fort reculé, une sorte d'ombrage & de défiance entre l'administration ministérielle & celle des anciens états ; on considéroit ces deux administrations comme rivales, & chacune, occupée essentiellement de son autorité, étoit souvent moins occupée du bien réel des peuples, que du privilege de le commander ; & malheureusement ce privilege paroissoit également maintenu, soit qu'on étendît sa propre action, soit qu'on mît obstacle à celle des autres. Aucune de ces difficultés, aucune de ces contradictions ne subsistera dans un plan bien ordonné. Le roi, en assemblant autour de lui les députés de la nation entiere, atteste à tous ses sujets par ce grand acte de confiance, qu'uniquement occupé du bien public, c'est avec la nation même qu'il veut l'entreprendre & le réaliser. Ainsi, soit universellement aux états-généraux, soit partiellement dans chaque province, les citoyens zélés qui pourront aider S. M. à parvenir au but qu'elle se propose, deviendront comme autant de ministres de ses volontés ; & nous autres, Messieurs, nous seconderons, non pas de notre pouvoir, puisque ce pouvoir ne consiste que dans notre obéissance aux ordres du roi, mais de notre ardente affection & de notre extrême volonté, l'établissement d'un ordre bienfaisant & salutaire, propre également à glorifier le regne de S. M., & à consolider le bonheur de la nation.

Cependant, Messieurs, si ce bonheur peut appartenir en grande part à l'effet des soins dévolus aux états particuliers de chaque province, & si vos réflexions vous amenoient encore à penser que librement élus, ils pourroient fournir un jour une partie des députés des états du royaume, ou une assemblée générale intermédiaire, la composition des états provinciaux vous paroîtroit alors une des plus grandes choses dont vous auriez à vous occuper. Et comme on doit être persuadé, Messieurs, que bientôt un même sentiment vous réunira, comme on ne peut douter que mille ou douze cents députés de la nation Françoise ne se sépareront pas sans avoir fait sortir de terre les fondements de la prospérité publique, je me représente à l'avance ce jour éclatant & magnifique, où le roi, du haut de son trône, écouteroit au milieu d'une assemblée auguste & solemnelle, le rapport que viendroient faire les députés des états de chaque province. Je les vois ces députés impatients de mériter l'approbation de leur souverain & les louanges de la nation, je les vois s'arrêter avec orgueil & à l'envi sur les moyens que leurs états auroient employés pour ajouter au bonheur du peuple, ou pour alléger le poids de son infortune ; je les vois attentifs à recevoir les uns des autres quelque lumiere nouvelle ou quelque notion bienfaisante, afin de les rapporter soigneusement à l'administration dont ils sont partie. Je vois S. M. remarquer ceux dont le zele & les connoissances auroient le plus d'éclat, & se servir pour exciter l'amour du bien public, des divers moyens d'émulation qui sont déposés entre les mains du monarque. Ah! qu'il seroit beau ce moment, où par le concours des lumieres de tout un peuple, on découvriroit avec certitude le bien qu'on peut faire dans un royaume tel que la France! Ah! qu'il seroit beau ce moment, où par une rivalité généreuse, après avoir connu ce bien, on s'empresseroit de le faire!

Ce n'est pas seulement pour former & constituer sagement des états particuliers dans les provinces où il n'y en a point encore, que le roi aura besoin de vos conseils & de vos réflexions. S. M. attend de vous que vous l'aidiez à régler plusieurs contestations qui se sont élevées sur la constitution des anciens états de quelques provinces. S. M. desire que sa justice soit éclairée ; elle desire faire le bonheur de ses peuples, sans exciter aucune réclamation légitime ; elle desire tenir une exacte balance entre les prétentions des divers ordres de son royaume ; enfin, au milieu des intérêts contraires qui agitent les esprits, elle est inquiete lorsque la route la meilleure & la plus sûre n'est pas évidemment tracée. Vous fixerez ses doutes, vous viendrez assurer sa marche, & vous l'aiderez à rendre à tous ses sujets une parfaite justice.

Je ne dois point retracer ici, Messieurs, les grands objets de bien public sur lesquels M. le Garde des Sceaux vient d'arrêter votre attention ; il n'en est aucun qui ne soit de la plus grande importance, & l'énumération seule de leurs titres suffit pour en imposer aux imaginations les plus hardies. Qui pourroit, en effet, entendre ſans émotion la ſimple dénomination de tant de travaux ſi dignes d'occuper ſucceſſivement l'intérêt d'une nation ? l'amélioration des lois civiles & des lois criminelles ; la douce modification des peines ; la réduction des frais de juſtice ; l'accélération des procédures ; la détermination des degrés de diſtances convenables entre la réſidence des tribunaux & le domicile de ceux qui ont recours à la juſtice ſouveraine ; la détermination du degré de reſtriction ou de facilité qu'il faut accorder à la publicité de toutes les opinions & de tous les écrits ; la couuoiſſance des temps où la ſauvegarde des loix ſuffit au maintien de l'ordre public, & l'examen auſſi des circonſtances où cet ordre dépend des actes rapides de l'autorité ; la recherche de tous les ſoins propres à établir une parfaite harmonie entre l'exercice des nouvelles fonctions qui ſeront attribuées aux tribunaux, & la célérité indiſpenſable dans cette multitude de circonſtances où le gouvernement ſeul étoit appelé à intervenir ; la recherche plus délicate encore des moyens de concilier l'auſtere, l'inflexible, & ſur-tout l'uniforme application des lois avec ces habitudes de ménagements & d'égards dont quelques-unes tiennent de ſi près aux mœurs nationales ; l'étude encore des difficultés auxquelles on s'expoſeroit ſi l'on abandonnoit trop rapidement les uſages aſſortis aux préjugés de l'honneur, pour adopter en entier ces principes de juſtice abſtraite, qui aſſujettiſſent à leur domination tous les rangs indiſtinctement, tous les états, toutes les perſonnes. Oui, Meſſieurs, vous appercevrez sûrement qu'il eſt des abus, qu'il eſt des erreurs de gouvernement dont les racines s'entre-mêlent inviſiblement avec les premieres tiges de pluſieurs opinions qui appartiennent eſſentiellement aux grandes monarchies ; & telle loi dont l'exécution abſolue fait le bonheur d'une république, parce qu'elle s'y trouve environnée de tous les uſages, de tous les principes, de tous les ſentiments qui compoſent ſa force, n'auroit pas le même ſuccès, & ſur-tout ne conſerveroit pas long-temps ſon empire, ſi on la tranſplantoit dans un pays où elle ſe trouveroit comme iſolée au milieu des opinions & des habitudes, qui toutes n'auroient aucune connexion avec elle. Ces réflexions & beaucoup d'autres, Meſſieurs, n'échapperont pas à vos lumieres ; & une ſage circonſpection vous ſervira de guide, ſans vous faire perdre de vue le but où vous voudrez atteindre.

Les cahiers qui ont été compoſés dans les diverſes parties

du royaume & dont vous êtes dépositaires, comprennent sans doute un grand nombre d'idées utiles, & plusieurs projets d'améliorations susceptibles d'être réalisés. Ce seroit donc inutilement qu'on vous retraceroit les dispositions particulieres qui seroient dignes de votre attention & de votre intérêt. Vous choisirez, Messieurs, dans cette collection de souhaits & de plaintes, que la condition humaine rend malheureusement inépuisable, vous y choisirez les demandes les plus instantes & les plus pressées; & vous rendrez heureux votre souverain, quand vous lui présenterez des vœux que sa justice lui permettra de satisfaire.

Ah! quelle immense tâche en tous les genres va se déployer devant vous! vous ne pourrez pas la remplir, vous pourrez à peine la découvrir à cette premiere époque de votre réunion; car, dans un vaste empire comme dans les grands travaux de la nature, le temps seul acheve notre œuvre. Chaque jour, chaque année, amenent de nouvelles idées, & font découvrir des vérités long-temps inconnues: mais si vous posez les grandes bases, si vous élevez les colonnes de l'édifice, vous vous associerez d'avance à toute la gloire du monument & aux divers avantages qui en résulteront.

On peut se former une idée confuse de ces avantages, on peut en indiquer les premiers degrés; mais l'opinion, les présages même d'un seul homme, fût-il aussi éclairé qu'on pourroit le desirer, ne sauroient annoncer les effets de cette masse de lumieres que le temps & l'agitation générale des esprits peuvent apporter au milieu des assemblées nationales dont celle-ci n'est que la premiere en rang. Que rien pour notre bonheur, que rien ne vienne arrêter ce cours successif de connoissances, de pensées & de réflexions; & ce mouvement, semblable à celui d'un fleuve majestueux qui arrose & fertilise les campagnes, multipliera dans ce beau royaume tous les genres de prospérité. C'est alors que la France présentera le plus magnifique des spectacles, celui du concours de toute l'action du génie de la nation la plus industrieuse & la plus animée, avec l'essor de la nature physique la plus variée & la plus féconde dans ses bienfaits. Quel accord! quelle union! & que ne peut-on pas en attendre?

C'est dans les états-généraux que le bonheur public doit se renouveler, & c'est pour eux qu'il doit se maintenir & s'accroître. Ainsi, vous serez appelés, sans doute, à examiner les avantages & les inconvénients des formes qu'on a cru devoir observer pour la convocation de cette premiere assemblée ; vous prendrez connoissance des longueurs & des difficultés qui en sont résultées ; vous examinerez toutes les disparités qui sont une conséquence des anciennes sections d'arrondissements ; enfin, l'expérience venant de rendre sensibles diverses imperfections inséparables du plan qu'on a suivi pour se rapprocher des anciens usages, vous penserez, Messieurs, qu'un de vos plus grands intérêts est de présenter au roi de nouvelles idées, & de former des plans qui soient médités avec assez de sagesse pour obtenir l'approbation de S. M. & pour répondre au vœu commun de la nation. Toutes les dispositions, Messieurs, qui ont servi à vous rassembler, se trouvent entées, pour ainsi dire, sur le tronc antique & respecté de la constitution Françoise ; mais les changements survenus dans nos mœurs & dans nos opinions, l'agrandissement du royaume, l'accroissement des richesses nationales, l'abolition sur-tout des privileges pécuniaires, si cette abolition a lieu ; toutes ces circonstances & beaucoup d'autres, exigent peut-être un ordre nouveau : & si le gouvernement se borne, en ce moment, à fixer votre attention sur cette pensée, ce n'est pas qu'il demeure étranger à une si importante délibération ; mais les égards dus aux lumieres de cette auguste assemblée, doivent détourner de lui proposer d'autre guide que ses propres réflexions. On a recueilli, pour cette fois, les débris d'un vieux temple ; c'est à vous, Messieurs, à en faire la révision & à proposer les moyens de les mieux ordonner. Vous remarquerez peut-être, à cette occasion, l'inconséquence ou la légéreté de l'esprit du jour, qui se plaît à juger des arrangements momentanées, avec la même sévérité qu'il devroit employer pour apprécier des institutions immuables. Encore si c'étoit toujours de perfection qu'on fût avide ; mais l'ardeur avec laquelle on épie les erreurs ou les fautes de ceux qui agissent, donne souvent à penser qu'on en fait la découverte avec plaisir.

Enfin, Messieurs, & pour revenir à des idées plus douces, lorsque, de concert avec votre auguste souverain, vous aurez posé les bases premieres du bonheur & de la prospérité de la France, & lorsque vous aurez encore marqué les pierres numéraires qui doivent vous conduire dans la vaste route du bien public, vous ne négligerez pas d'appercevoir que plus un gouvernement se met dans la nécessité d'être juste, & plus il faut affermir son action. Une nation, sourdement mécontente des fautes ou des abus de l'administration, ne tarde pas à se complaire dans toutes les oppositions & les résistances ; mais un tel esprit doit changer, lorsque, par de sages précautions, la marche du gouvernement se trouve unie, pour toujours, aux principes qui doivent assurer la félicité publique. Le roi desire, avec passion, que tout ce qui est juste en administration, soit connu, soit déterminé, soit invariable ; mais il desire, mais il veut absolument que l'autorité souveraine puisse maintenir l'exécution des dispositions conformes aux lois, & défendre l'ordre public contre toute espece d'atteinte. Le meilleur des gouvernements ne seroit qu'une belle abstraction, si le moment où la puissance royale doit déployer toute son action, restoit encore incertain, & si cette puissance, une fois en accord avec le vœu général, avoit des résistances à ménager & des obstacles à vaincre. Il ne faut pas, Messieurs, que les ennemis de la tranquillité publique & de la prospérité nationale puissent placer leur espoir dans une confusion, suite inévitable d'un défaut d'harmonie entre toutes les forces protectrices des destins de la France. Vous considérerez la situation du royaume, vous verrez ce qu'il est, & ce qu'il a besoin d'être dans l'ordre politique de l'Europe ; &, en arrêtant votre attention sur l'ancien éclat de la plus respectable des monarchies, vous étendrez au loin vos réflexions ; &, non contents des premieres acclamations du peuple François, vous aspirerez encore au suffrage réfléchi de toutes les nations étrangeres ; de ces nations, dont le jugement, à l'abri de nos passions du moment, représente celui de la postérité ; de ces nations qui, vous considérant dans le tableau de l'histoire, ne croiront à la durée d'aucune de vos dispositions, si vous perdez de vue ce qu'exigent impérativement les grandes circonstances de ce vaste empire, sa position, ses relations extérieures, la diversité de ses usages, dont les uns sont constitutifs, les autres affermis par le temps, l'effet inévitable de ses richesses, & plus encore peut-être le génie & le caractere de ses habitants, les anciens préjugés, les vieilles habitudes, enfin tous ces liens qu'on ne peut jamais rompre avec violence, & que la prudence d'un grand corps politique doit sagement apprécier.

Le roi, Messieurs, en considérant par la pensée cet important édifice de bonheur & de puissance que vous pouvez l'aider à élever, desire véritablement qu'il puisse être fondé sur les bases les plus assurées : cherchez-les, indiquez-les à votre souverain, & vous trouverez de sa part la plus généreuse assistance. Le roi, Messieurs, éclairé par de longues traverses & par ces événements précipités qui doublent en

quelque

quelque maniere les années de l'expérience, aime plus que jamais la raison & en est un bon juge. Ainsi, lorsque les premieres fluctuations, inséparables d'une réunion nombreuse, seront arrêtées; lorsque l'esprit dominant de cette assemblée sera dégagé des nuages qui pourroient, d'abord, l'obscurcir; enfin, lorsqu'il en sera temps, S. M. appréciera justement le caractere de vos délibérations, & s'il est tel qu'elle l'espere, s'il est tel qu'elle a droit de l'attendre, s'il est tel, enfin, que la plus saine partie de la nation le souhaite & le demande, le roi secondera vos vœux & vos travaux; il mettra sa gloire à les couronner; & l'esprit du meilleur des princes se mêlant, pour ainsi dire, à celui qui inspirera la plus fidelle des nations, on verra naître de cet accord le plus grand des biens & la plus solide des puissances. C'est à vous, Messieurs, à préparer une si belle alliance, c'est à vous à former un semblable nœud; & pour y parvenir, vous écarterez tous les systêmes exagérés, vous réprimerez tous les abus de l'imagination, vous vous défierez de toutes les opinions trop nouvelles; vous ne croirez pas que l'avenir puisse être sans connexion avec le passé, vous ne préférerez pas les projets & les discours qui vous transporteroient dans un monde idéal, à ces pensées & à ces conseils qui moins éclatants, mais plus praticables, exposent à moins de combats & donnent au bien qu'on opere, un caractere de stabilité & de durée. Enfin, Messieurs, vous ne serez pas envieux des succès du temps, & vous lui laisserez quelque chose à faire; car si vous entrepreniez à la fois la réforme de tout ce qui vous paroîtroit imparfait, votre ouvrage le deviendroit lui-même. Il est aisé d'appercevoir que dans une vaste administration, la juste proportion de ses diverses parties échappe aux meilleurs observateurs, lorsque toutes sont mises en mouvement d'un seul jet, & que de simples abstractions en garantissent l'harmonie.

Que seroit-ce, Messieurs, si dès vos premiers pas une désunion éclatante venoit à se manifester? que deviendroit le bien public au milieu de ces divisions où les intérêts d'ordre, d'état & de personnes, occuperoient toutes vos pensées? Ils sont si agissants ces intérêts, & leur domination va tellement en croissant, que la sagesse de S. M. que son attachement au bien de l'état, ont dû fixer son attention sur des passions d'une si grande influence. C'est par ce motif si digne d'hommage, c'est par ce motif qui atteste si distinctement le vœu de S. M. pour le succès de vos travaux, que le Roi est inquiet de vos premieres délibérations. La maniere dont les états-généraux en dirigeront la forme, est une des grandes questions qui s'est élevée dans le royaume, & les avis sur la délibération en commun ou par têtes semblent s'être partagés avec une ardeur qui deviendroit alarmante, si l'amour du bien public ne formoit entre vous, Messieurs, un point de réunion plus fort & plus puissant que les opinions & les sentiments propres à vous diviser. Le Roi, Messieurs, connoît toute l'étendue de la liberté qui doit vous être laissée; mais sans accord, votre force s'évanouiroit, & les espérances de la nation seroient perdues. S. M. a donc fixé son attention sur des préliminaires dont les conséquences peuvent être si grandes; & ce n'est pas cependant comme votre souverain, c'est comme le premier tuteur des intérêts de la nation, c'est comme le plus fidele protecteur de la félicité publique, que le Roi m'a ordonné de vous présenter un petit nombre de réflexions. J'aurois aimé peut-être à en être dispensé; car on ne s'approche jamais sans danger de ces questions délicates dont l'esprit de parti s'est déjà rendu maître; mais il faut rejeter avec dédain toutes les considérations personnelles qui font toujours embarras dans la route du bien public.

Ce sera vous, Messieurs, qui chercherez d'abord à connoître l'importance ou le danger dont il peut être pour l'état que vos délibérations soient prises en commun ou par ordre; & les lumieres qui sortiront de votre assemblées influeront sans doute sur l'opinion de S. M.; mais le choix du moment où cette question doit être traitée, si ce choix est fait sagement, suffira pour prévenir les risques ou les inconvénients d'une semblable discussion; & c'est principalement sur ce point que je vais m'arrêter.

Tout annonce, Messieurs, que si une partie de cette assemblée demandoit que la premiere de vos déterminations fût un vœu pour délibérer par têtes sur tous les objets qui seront soumis à votre examen, il résulteroit de cette tentative, si elle étoit obstinée, une scission telle que la marche des états-généraux seroit arrêtée ou long-temps suspendue; & l'on ne peut prévoir quelle seroit la suite d'une semblable division.

Tout prendroit au contraire une forme différente, tout se termineroit peut-être par une conciliation agréable aux partis opposés, si les trois ordres commençant par se séparer, les deux premiers examinoient d'abord l'importante question de leurs privileges pécuniaires, & si, confirmant des vœux déjà manifestés dans plusieurs provinces, ils se déterminoient, d'un commun accord, au noble abandon de ces avantages. Personne d'entre vous, Messieurs, ne pourroit avec justice essayer de ravir aux deux premiers ordres le mérite d'un généreux sacrifice; & ce seroit cependant les en priver, ce seroit du moins en obscurcir l'éclat, que de soumettre cette décision à la délibération des trois ordres réunis. Une possession qui remonte aux temps les plus reculés de la monarchie, est un titre qui devient encore plus digne de respect au moment où ceux qui en jouissent sont disposés à y renoncer. Il est donc juste, il est raisonnrble que les députés des communes laissent aux représentants des deux premiers ordres tout l'honneur d'un tel sacrifice. C'est en vain que pour en diminuer le prix, c'est en vain que pour le ternir, on voudroit y donner le nom d'obligation simple & naturelle. Certes, de pareils actes de justice ne sont pas communs, & l'histoire n'en présente pas d'exemples.

Supposons maintenant que cette délibération soit prise par la noblesse & par le clergé, qu'elle le soit promptement & de la seule maniere dont on peut l'attendre, par un noble sentiment, par un mouvement digne de l'élévation d'ame qui caractérise les principaux membres des deux premiers ordres de l'état: dès ce moment ils recevront, de la part des représentants des communes, cet hommage de reconnoissance & de sensibilité auquel aucun François ne fut jamais réfractaire. Ils seront invités à s'unir souvent aux représentants du peuple, pour faire, en commun, le bien de l'état: & sûrement ce ne sera pas d'une maniere générale ni absolue qu'ils résisteront à cette avance. Cependant une premiere union entre les ordres une fois formée, & les ombrages des uns dissipés, les plaintes & les jalousies des autres appaisées, c'est alors qu'avec calme, & par des commissaires nommés dans les trois ordres, on examinera les avantages & les inconvénients de toutes les formes de délibération; c'est alors qu'on désignera peut-être les questions qu'il importe au souverain & à l'état de soumettre à une discussion séparée, & les objets qu'il est convenable de rapporter à une délibération commune; c'est alors, enfin, qu'on jugera plus sainement une question qui présente tant d'aspects différents. Vous verrez facilement que, pour maintenir un ordre établi, pour ralentir le goût des innovations, les délibérations confiées à deux ou trois ordres, ont un grand avantage, & que dans les temps & pour les affaires où la célérité des résolutions & l'unité d'action & d'intérêt deviennent nécessaires, la consultation en commun mérite la préférence. Vous examinerez ces principes & bien d'autres avec une impartialité inconnue jusqu'à présent, du moment que l'abolition des privileges pécuniaires aura rendu vos intérêts égaux & paralleles. Enfin, Messieurs, vous découvrirez sans peine toute la pureté des motifs qui engagent S. M. à vous avertir de procéder avec sagesse à ces différents examens. En effet, s'il étoit possible qu'elle fût uniquement occupée d'assurer son influence sur vos déterminations, elle sauroit bien appercevoir que l'ascendant du souverain seroit, un jour ou l'autre, favorisé, par l'établissement général & constant des délibérations en commun; car, dans un temps où les esprits ne seroient pas soutenus, comme aujourd'hui, par une circonstance éclatante, peut-on douter qu'un roi de France n'eût des moyens pour captiver ceux qui, par leur éloquence & leurs talents, paroîtroient devoir entraîner un grand nombre de suffrages? La marche des délibérations confiées à deux ou trois Ordres, est donc, par sa lenteur & sa circonspection, la moins favorable aux grandes révolutions; & quand votre monarque, Messieurs, vous ramene à ces réflexions, il vous donne une nouvelle preuve de son amour sincere du bien de l'état.

Ah! si dans le cours de ce mémoire, si en parcourant rapidement les objets les plus importants, je ne vous ai pas fait connoître les sentiments généreux & les intentions pures qui dirigent toutes les déterminations de notre auguste monarque, n'en accusez, Messieurs, que l'interprête dont il a fait choix. Sa Majesté veut le bien, & le veut dans toute son étendue; & après avoir été souvent contrariée dans ses desirs & dans ses tentatives, elle vient chercher en vous une consolation & un appui. Non, son espoir ne sera point trompé: vous voudrez lui marquer de la reconnoissance; vous voudrez lui donner le prix qu'elle attend de vous; & ce prix, ce prix inestimable, sera l'avancement du bonheur de ses peuples. Soyez unis, Messieurs, pour une si grande entreprise; soyez unis pour répondre aux vœux de la nation; soyez unis pour soutenir avec honneur les regards de l'Europe; soyez unis pour transmettre sans crainte vos noms à la postérité, & pour contempler à l'avance le tribunal rigoureux des générations futures. Elles auront un compte à vous demander, ces générations innombrables, dont vous allez peut-être fixer la destinée. Vos rivalités, vos prétentions, vos débats personnels, passeront comme l'éclair au milieu de l'immensité de l'espace, ils ne laisseront aucune trace dans la route des siecles ; mais les principes d'union & de bonheur que vous aurez affermis, deviendront le témoignage & comme le trophée perpétuel de vos travaux & de votre patriotisme. Oui, ce que vous aurez fait pour l'avantage de l'état & pour sa gloire, ce que vous aurez fait pour en assurer la durée, se trouvant inséparablement lié à la plus grande & à la plus éclatante de toutes les circonstances, confiera votre souvenir à la reconnoissance des hommes. Et qui ne sait que leur reconnoissance s'accroît à mesure que le temps éloigne d'eux leurs bienfaicteurs & les obscurcit de son ombre ?

Mais, ne vous le dissimulez point, Messieurs, il faut qu'une constitution bienfaisante & salutaire soit cimentée par la puissance de l'esprit public ; & cet esprit public, ce patriotisme, ne consistent point dans une ferveur passagere, ou dans un aveugle desir d'une nouvelle situation ; un tel desir, une telle agitation subsisteront toujours ; car il est dans l'ordre inviolable des choses, que le plus grand nombre des habitants d'un empire découvrent autour d'eux de meilleures places, & aspirent vaguement à un mouvement qui leur présente de nouvelles chances. Une pareille inquiétude n'est qu'un sentiment personnel ; & on ne l'anoblit qu'en apparence & passagerement, quand on le dirige vers les intérêts généraux, dont la société paroît le plus occupée. Mais le véritable esprit public, le seul qui puisse suppléer à l'imperfection de toutes les lois politiques, est d'une toute autre nature : vaste dans ses vues, réfléchi dans sa marche, il transporte, non pour un moment, mais pour toujours, nos intérêts personnels à quelque distance de nous, afin de les réunir, afin de les soumettre à l'intérêt commun. Il faut de la force, il faut du temps pour s'élever à cet esprit public, & dans les commencements un pareil effort est pénible ; il doit l'être sur-tout au milieu d'une nation qui n'a jamais pris soin de ses propres affaires, & qui, accoutumée, depuis des siecles, à s'abandonner uniquement aux prétentions individuelles, ou à celles qui dépendent d'une associatipn circonscrite, n'est nullement préparée à la grande scene qui s'ouvre aujourd'hui devant elle. Je ne fais point ces réflexions, MM., pour affoiblir votre courage, mais pour vous engager à n'être point étonnés des contrariétés dont vous ferez l'épreuve, tant que l'esprit national ne sera point encore en harmonie avec la grandeur des circonstances présentes. Et pourquoi seriez-vous abattus par des obstacles, tandis que le gouvernement, vers lequel se sont portées, comme à flot, toutes les passions, toutes les intrigues & toutes les calomnies, a maintenu néanmoins son courage & sa persévérance? Il eût connu, comme d'autres, le prix du repos, il eût franchi bien ou mal les difficultés de finance; & en mettant tous ses soins à rendre à l'autorité son ancienne influence, il eût traversé ces temps d'orages, comme on l'a fait tant de fois, sans éclat, mais sans inquiétude. Au lieu de suivre cette marche obscure, il s'est avancé au milieu des dangers; il s'est exposé à tous les combats de l'intérêt personnel; il s'est soumis à tous les faux soupçons, à toutes les interprétations injustes; & au milieu d'une année désastreuse, au milieu d'une année où le défaut des récoltes, les rigueurs de la saison, les ravages des tempêtes & des fléaux de toute espece, ont assailli la France, enfin, au milieu de la pénurie du trésor royal & des embarras inextricables de la finance, il a mis en mouvement les habitants de tout un royaume; & gêné par des formes bizarres en elles-mêmes & dont souvent on avoit perdu la tracé, il est enfin parvenu, à force de soins & de peines, à rassembler ces états-généraux que la nation a demandés avec tant d'instance, ces états-généraux de la France, ces états-généraux du premier empire du monde, ces états-généraux, enfin, qu'aucun de nous ne peut contempler, en ce moment, sans une respectueuse émotion. C'est à eux; c'est à vous, Messieurs, qu'il appartient d'achever le plus grand des ouvrages, & de répondre aux espérances du meilleur des rois; c'est à vous à combler les vœux de tout un peuple. Qu'un jour, qu'un seul jour ne soit pas perdu, afin que vous arriviez plus tôt à votre terme, afin que vous alliez recueillir dans vos provinces les tributs de reconnoissance qui vous sont dûs, afin que vous entendiez de toutes parts, dans votre route, les cris de *Vive le Roi! vive le bienfaicteur de son Peuple!* & que vous mêliez à ces paroles l'ardente & touchante expression de votre admiration & de votre amour. O Françe! heureuse France! c'est entre les mains de tes citoyens, c'est entre les mains de tes enfants, c'est entre les mains de représentants dont toi-même as fait le choix, que repose aujourd'hui ta destinée.

Oui, MM,, le roi, en rassemblant les états-généraux, le roi, en réunissant autour de lui les représentants de la nation, le roi, en appelant à son aide un si grand concours de lumieres, a déjà satisfait à sa gloire; mais il a besoin de vous pour obtenir les jouissances les plus cheres à son cœur ; il a besoin de vous pour assurer le bonheur de ses peuples, pour accroître & pour affermir la puissance de l'état ; il a besoin de vous pour répandre par-tout dans son royaume l'influence de ses volontés bienfaisantes ; il a besoin de vous, enfin, pour multiplier les trésors de la France, par le contentement, la paix, la confiance & la liberté. Ah! puisse le ciel accorder à notre auguste monarque une assez longue suite de jours pour voir encore, non-seulement l'aurore, mais le jour éblouissant de tant de prospérités! puisse-t-il recevoir ainsi une juste récompense de son bienfait! puisse-t-il voir les premieres moissons de cette terre chérie! puisse-t-il présager, enfin, avec une heureuse confiance, tout ce que lui devront les races futures! Et nous, par notre amour, acquittons à l'avance cette dette de la postéri é ; soyons justes, soyons reconnoissants, & que le tribut de nos cœurs, que l'hommage de nos sentiments portés aux pieds de notre souverain, soient la premiere de toutes les redevances que nous nous engageons pour toujours de lui payer.

*Sur l'Imprimé du Louvre.*
A GRENOBLE, de l'Imprimerie de Ve GIROUD & FILS; au Palais.

*AVEC PERMISSION.*

ÉTAT

# ÉTAT GÉNÉRAL
## DES
## REVENUS
## ET DES
## DÉPENSES FIXES.

# REVENUS FIXES.

## FERMES GÉNÉRALES.

| | | |
|---|---|---|
| Objets affermés. . . . | 115,560,000 l. | |
| Objets en régie. . . . | 28,440,000 | |
| Droits du Clermontois. . | 107,000 | |
| *Supplément*. Sur le Tabac & sur les entrées de Paris. . 4,000,000 l. Sur les objets en régie. . . 2,000,000 | 6,000,000 l. | 150,107,000 liv. |
| Fermes des Postes. . . . . . . . . . . | | 12,000,000 |
| Ferme des Messageries. . . . . . . . | | 1,100,000 |
| Ferme des droits sur les bestiaux à Sceaux & à Poissy. . . . . . . . . . . . . . | | 630,000 |
| Ferme des Affinages. . . . . . . . . | | 120,000 |
| Ferme des droits du Port-Louis. . . . . . | | 47,000 |
| Abonnement des droits de la Flandre maritime. . . . . . . . . . . . . . . | | 823,000 |
| Régie générale des Aides & des droits réunis. . . . . . . . . . . . . . . . | | 50,220,000 |
| Régie des domaines & bois. . . . . . | | 50,000,000 |
| Régie de la Loterie royale de France & des petites Loteries. . . . . . . . . . . . | | 14,000,000 |
| Régie des revenus casuels. . . . . . . | | 3,000,000 |
| Régie du marc-d'or. . . . . . . . . . | | 1,500,000 |
| Régie des poudres & salpêtres. . . . . . . | | 800,000 |

*RECETTES générales des Finances de Paris, des Pays d'Élection & des Pays conquis.*

| | | |
|---|---|---|
| Impositions ordinaires & Capitation; ci. . . . . . . . . . | 110,568,000 l. | |
| Vingtiemes. . . . . . | 46,467,000 | |
| | 157,035,000 l. | |
| Déduction pour les sommes versées par les Receveurs généraux dans les caisses de la régie générale & de la régie des domaines, & qui font partie des produits de ces deux régies. . . . . | 1,380,000 | 155,655,000 |

*Transporté.* . . . . . . . . 440,002,000 l.

| | |
|---|---|
| *Reporté.* . . . . . . . | 440,002,000 liv. |

## *Impositions des Pays d'États.*

SAVOIR:

| | | |
|---|---|---|
| *Languedoc.* Tréforiers. . . . | 8,584,824 l. | |
| Receveurs-généraux. . . | 1,182,426 | |
| Total. . . . . . . . | 9,767,250 l. | |
| *Bretagne.* Tréforiers. . . . | 6,115,400 l. | |
| Receveurs-généraux. . . | 496,060 | |
| Total. . . . . . . . . | 6,611,460 l. | |
| *Bourgogne.* Tréforiers. . . . . | 3,190,068 l. | |
| Receveurs-généraux. . . | 938,128 | |
| Total. . . . . . . . | 4,128,196 l. | |
| *Provence.* Tréforiers. . . . | 1,997,031 l. | |
| Receveurs-généraux. . . | 895,432 | |
| Total. . . . . . . . | 2,892,463 l. | |
| *Pau, Bayonne & Foix.* Tréforiers. . . . . . | | |
| Receveurs-généraux. . . . | 1,156,658 | |
| Total. . . . . . . . | 1,156,658 l. | |
| *Total général.* . . . . . . . . . . | | 24,556,000 |
| Capitation & Vingtiemes abonnés. . . . . | | 575,000 |
| Capitation & Dixiemes retenus au Trésor royal sur les pensions & sur d'autres objets. . . . | | 6,290,000 |
| Impositions particulieres aux fortifications des villes. . . . . . . . . . . . . | | 575,000 |
| Bénéfices sur la fabrication des monnoies. . . | | 500,000 |
| Bénéfice annuel des forges royales. . . . . | | 80,000 |
| Revenus de la caisse du Commerce. . . . . | | 636,000 |
| Loyers des maisons & des terrains des Quinze-Vingts. . . . . . . . . . . . . | | 180,000 |
| Intérêts annuels des sommes prêtées aux Etats-unis de l'Amérique. . . . . . . . . | | 1,600,000 |
| Intérêts annuels de six millions que doit un Prince d'Allemagne. . . . . . . . . . | | 300,000 |
| *Total des revenus fixes.* . . . . . . | | 475,294,000 liv. |

# *DÉPENSES FIXES.*

| | |
|---|---|
| Dépenses générales de la Maison du Roi & de celle de la Reine, de Monseigneur le Dauphin, des Enfants de France, de Madame Elisabeth & de Mesdames, Tantes du Roi, avec les traitements annexés à ces différentes parties, & en y comprenant divers objets de dépenses dans les forêts qui étoient autrefois payées sur le produit des bois. . . . . . . . | 25,000,000 liv. |
| Maisons de Monsieur, frere du Roi, & de Madame ; Maisons de Monseigneur Comte & de Madame Comtesse d'Artois, de Monseigneur le Duc d'Angoulême & de Monseigneur le Duc de Berry, & traitements conservés aux personnes qui ont servi les Enfants de Monseigneur Comte d'Artois dans leur bas âge. . . . . . | 8,240,000 |
| Affaires étrangeres, Ligues Suisses & courses de Courriers de ce département. . . | 7,480,000 |
| Département de la guerre ; traitements & objets accessoires, non compris ce que les provinces s'imposent & versent directement dans les caisses militaires. . . . . | 99,160,000 |
| Marine & Colonies. . . . . . | 40,500,000 |
| ——— Supplément demandé pour indemnités & récompenses qu'exigeront les réformes déterminées dans les établissements des Colonies. . . . . . | 400,000 |
| Ponts & chaussées. . . . . | 5,680,000 |
| Haras sous les ordres de M. le Grand-écuyer, de M. le Duc de Polignac & de M. le Marquis de Polignac. . . . | 814,000 |
| Rentes perpétuelles & viageres. . . . | 162,486,000 |
| *Transporté.* . . . | 349,760,000 liv. |

| | |
|---|---|
| *Reporté.* . . . . . . | 349,760,000 liv. |
| Intérêts d'effets publics & d'autres créances. . . | 44,300,000 |
| Gages de charges représentant l'intérêt de la finance. . . . . . . . . . . . . . | 14,692,000 |
| Intérêts & frais des anticipations qui portent sur l'année 1790 & sur l'année 1791. . . . . | 4,900,000 |
| Intérêts & frais du renouvellement des billets des fermes, des autres anticipations ou des emprunts nécessaires pour balancer les besoins de l'année 1789. . . . . . . . | 10,900,000 |
| Engagement à temps envers le Clergé. . . . | 2,500,000 |
| Indemnités à différents titres. . . . . . . | 3,235,000 |
| Pensions. . . . . . . . . . . . . . . . | 29,560,000 |
| Gages du Conseil & traitements à M. le Chancelier, à M. le Garde des sceaux, au Secrétaire d'État de la Maison du Roi, à divers Magistrats, compris leur franc-salé, & traitements d'autres personnes. . . . . . . | 3,173,000 |
| Intendants des provinces, leurs Subdélégués & leurs Commis. . . . . . . . . . . | 1,495,000 |
| Police de la ville de Paris. . . . . . . . | 1,570,000 |
| Guet & Garde de la ville de Paris. . . . . | 1,138,000 |
| Maréchaussées de l'Isle-de-France. . . . . | 250,000 |
| Entretien & réparation du pavé de Paris. . . . | 627,000 |
| Travaux dans les carrieres qui sont sous la ville de Paris & les environs. . . . . . . . | 400,000 |
| Remises en moins imposé sur la recette des pays d'élections & des pays conquis; décharges & moderations sur les vingtiemes & la capitation; remises aux pays d'États. . . | 7,120,000 |
| *Transporté.* . . . . | 475,620,000 liv. |

| | |
|---|---|
| *Reporté.* . . . . . . | 475,620,000 liv. |
| Traitements aux Receveurs, Fermiers & Régisseurs, & autres frais de recouvrement. . . | 20,094,000 |
| Les cinq Administrateurs du Trésor royal, Payeurs des rentes, &c. . . . . . . . | 3,753,000 |
| Bureaux de l'Administration générale. . . . | 2,048,000 |
| Fonds réservé sur le produit de la Loterie royale & sur la ferme du Port-Louis, pour des actes de bienfaisance. . . . . . . . . . . | 172,000 |
| Secours à des Hollandois qui se sont réfugiés en France. . . . . . . . . . . . . . | 830,000 |
| Communautés & maisons religieuses, & secours pour la construction d'édifices sacrés. . . . | 2,188,000 |
| Dons, Aumônes, Hôpitaux & Enfants-trouvés, &c. . . . . . . . . . . . . | 3,038,000 |
| Travaux de charité. . . . . . . . . | 1,896,000 |
| Destruction du vagabondage & de la mendicité. . . . . . . . . . . . . . . | 1,144,000 |
| Primes & autres encouragements pour le commerce. . . . . . . . . . . . . . | 3,864,000 |
| Dépenses du département des mines. . . . | 90,000 |
| Jardin royal des plantes, & Cabinet d'histoire naturelle. . . . . . . . . . . . . | 130,000 |
| Bibliothéque du Roi. . . . . . . . . | 167,000 |
| Universités, Académies, Colleges, Sciences & Arts. . . . . . . . . . . . . | 930,000 |
| Passeports, en exemption de droits, à la Marine royale, aux Ambassadeurs & Ministres étrangers, &c. . . . . . . . . . . | 400,000 |
| *Transporté.* . . . . . . | 516,364,000 liv. |

| | |
|---|---|
| *Reporté.* | 516,364,000 liv. |
| Entretiens, réparations & constructions de bâtiments employés à la chose publique. | 1,900,000 |
| Dépenses de plantations dans les forêts, de curement de rivieres, & d'autres objets dont le payement est assigné sur le produit des bois. | 500,000 |
| Frais des procédures criminelles, & dépenses de prisonniers. | 3,180,000 |
| Dépenses dans les Provinces, dont l'objet varie tous les ans, & qui se renouvellent de différentes manieres. | 4,500,000 |
| Dépenses imprévues. | 5,000.000 |
| *TOTAL des Dépenses fixes.* | 531,444,000 liv. |

# PREMIER MAI 1789.

## *RÉSULTAT.*

| | |
|---|---|
| Dépenses fixes. | 531,444,000 liv. |
| Revenus fixes. | 475,294,000 |
| *DÉFICIT ANNUEL.* | 56,150,000 liv. |

www.ingramcontent.com/pod-product-compliance
Ingram Content Group UK Ltd.
Pitfield, Milton Keynes, MK11 3LW, UK
UKHW020316220726
13923UKWH00003B/1181